KI VERSTEHEN, KI NUTZEN

Dein Einstieg in die Welt der künstlichen Intelligenz

Thomas Dreymann

Verlag: BoD · Books on Demand GmbH,
Überseering 33, 22297 Hamburg,
bod@bod.de

Druck: Libri Plureos GmbH,

Friedensallee 273, 22763 Hamburg

ISBN: 978-3-6963-5797-9

1. Auflage

MIX
Papier aus verantwortungsvollen Quellen
Paper from responsible sources
FSC® C105338

Inhaltsverzeichnis

Vorwort

Dieses Buch ist nicht in einem Hörsaal entstanden und auch nicht in einem Forschungslabor. Es ist entstanden, weil ich selbst immer wieder gemerkt habe, wie unterschiedlich Menschen in meinem Umfeld auf das Thema KI reagieren: die einen euphorisch, die anderen verängstigt, die meisten irgendwo dazwischen, mit einem mulmigen Gefühl und der leisen Sorge, etwas zu verpassen oder etwas falsch zu machen.

Ich bin kein KI-Forscher und auch kein Akademiker, der dieses Thema von der theoretischen Seite her aufzieht. Ich arbeite seit vielen Jahren in der IT, hauptberuflich als Projektmanager, und habe in dieser Zeit gelernt, komplexe technische Sachverhalte so zu übersetzen, dass auch Menschen ohne IT-Hintergrund sie verstehen und nutzen können. Privat bin ich außerdem Pilot und Funkamateur, zwei Hobbys, die mich gelehrt haben, mich auch in technisch anspruchsvolle Themen mit Geduld und Neugier einzuarbeiten, ohne dabei den Anspruch an Genauigkeit zu verlieren. Und ich habe über die Jahre eine ganze Reihe eigener kleiner Programme geschrieben, meist um mir selbst oder anderen in ganz unterschiedlichen Bereichen das Leben leichter zu machen. Genau aus dieser Mischung heraus, technisch fundiert, aber immer mit dem Blick auf den praktischen Nutzen, habe ich dieses Buch geschrieben: nicht von oben herab, sondern auf Augenhöhe, so, wie ich es mir selbst gewünscht hätte, als ich mit KI angefangen habe.

Mein Ziel war von Anfang an klar: Ich wollte ein Buch schreiben, das dich dort abholt, wo du gerade stehst, egal wie viel oder wenig Vorwissen du mitbringst. Eines, das dir nicht nur erklärt, was KI ist, sondern dir auch konkret zeigt, wie du sie in deinem Alltag und Beruf sinnvoll nutzt, ohne dabei die echten Risiken und offenen Fragen unter den Tisch fallen zu lassen. Deshalb findest du in jedem Kapitel kleine Übungen und Beispiele, die du direkt ausprobieren kannst, statt nur graue Theorie zu lesen.

Du wirst in diesem Buch keine Panikmache finden, aber auch keine unkritische Heilsverkündung. Was du finden wirst, ist meine ehrliche, persönliche Einschätzung, untermauert mit Fakten, Beispielen und der festen Überzeugung, dass diese Technologie, klug eingesetzt, für die allermeisten von uns mehr Chance als Risiko bedeutet.

Ich wünsche dir eine bereichernde Lektüre und vor allem den Mut, das Gelesene auch wirklich auszuprobieren. Genau dort, im Tun, entsteht am Ende das, was zählt.

Thomas Dreymann

Kapitel 1

Warum dieses Buch genau jetzt der richtige Einstieg ist

Ich erinnere mich noch genau an den Moment, als ich zum ersten Mal wirklich verstanden habe, was gerade passiert. Kein großer Heureka-Moment mit Trompeten, eher dieses leise „Moment mal“ im Kopf, während ich eine völlig banale Aufgabe in ein Textfeld getippt habe und die Antwort kam schneller und durchdachter zurück, als ich sie selbst hinbekommen hätte. Danach saß ich erstmal da und habe überlegt, was das eigentlich bedeutet – für meine Arbeit, für meinen Alltag, für uns alle.

Wahrscheinlich geht es dir gerade ähnlich. Du hast dieses Buch nicht gekauft, weil du noch nie von künstlicher Intelligenz gehört hast – das wäre heutzutage auch ziemlich schwierig. Du hast es gekauft, weil irgendwo zwischen den Schlagzeilen, den Kollegen, die plötzlich anders arbeiten, und diesem diffusen Gefühl, dass gerade etwas Großes passiert, eine Frage übrig geblieben ist: Was bedeutet das eigentlich für mich, ganz persönlich?

Genau da wollen wir ansetzen. Nicht mit Weltuntergangsszenarien, nicht mit der x-ten Erklärung, warum KI „alles verändern wird“ – das hast du wahrscheinlich schon oft genug gehört, ohne dass es dir konkret weitergeholfen hat. Stattdessen geht es mir um die Dinge, die wirklich zählen: Was kannst du heute schon tun? Wo lohnt sich ein zweiter Blick? Und wo darfst du ruhig skeptisch bleiben, ohne dass dich das zum Hinterwäldler macht?

Ich bin kein KI-Forscher, aber auch kein Branchenfremder. Ich arbeite seit Jahren in der IT, beruflich als Projektmanager, und beschäftige mich auch privat gerne mit Technik, vom eigenen kleinen Programm bis zum Funkgerät. Genau aus dieser Mischung heraus, technisch interessiert, aber ohne akademischen KI-Hintergrund, schreibe ich dieses Buch so, wie ich es mir selbst gewünscht hätte, als ich angefangen habe: ohne erhobenen Zeigefinger, aber auch ohne rosarote Brille.

Ein Gefühl, das gerade viele teilen

Was mich beim Schreiben dieses Buches am meisten überrascht hat, ist, wie ähnlich sich die Geschichten der Menschen sind, mit denen ich über KI gesprochen habe. Da ist die Verwaltungsangestellte, die plötzlich merkt, dass ihre wöchentliche Berichtserstellung in einem Bruchteil der Zeit erledigt ist – und nicht weiß, ob sie sich freuen oder sorgen soll. Der Handwerksmeister, der skeptisch ist, ob das alles „nicht doch nur ein Hype“ sei, aber gleichzeitig zugibt, dass sein Sohn neuerdings ganz andere Wege geht, um an Informationen zu kommen. Die Lehrerin, die nicht weiß, wie sie mit Hausaufgaben umgehen soll, die plötzlich verdächtig gut klingen.

All diese Geschichten haben einen gemeinsamen Nenner: Es geht selten um die Technik an sich. Es geht um das Gefühl, den Anschluss zu verlieren – oder ihn gerade noch zu halten. Und genau dieses Gefühl will ich dir mit diesem Buch nehmen. Nicht, indem ich dir jedes technische Detail erkläre, sondern indem ich dir zeige, dass du das Thema viel besser im Griff hast, als du vielleicht denkst.

Was dich in diesem Buch erwartet

Wir gehen das Ganze in fünf großen Schritten an. Zuerst schaffen wir ein gemeinsames Fundament: Was ist KI eigentlich, ohne den ganzen Fachjargon? Danach schauen wir uns deinen Alltag an – denn dort begegnet dir KI längst öfter, als du ahnst. Im dritten Teil wird es konkret fürs Berufsleben, weil genau dort gerade die größten Veränderungen passieren. Im vierten Teil weiten wir den Blick auf die Gesellschaft als Ganzes, weil KI eben nicht nur eine private oder berufliche Angelegenheit ist. Und zum Schluss geht es darum, wie du das Gelernte in deinen eigenen Alltag überführst, mit einem klaren Plan statt vagen Vorsätzen.

Jedes Kapitel folgt dabei einem einfachen Muster: Ich erkläre dir etwas verständlich, zeige dir ein konkretes Beispiel aus der Praxis, und am Ende gibt es fast immer eine kleine Übung, mit der du das Gelesene direkt ausprobieren kannst. Denn ein Buch über KI zu lesen, ohne selbst einmal etwas auszuprobieren, wäre ungefähr so sinnvoll wie ein Schwimmkurs ohne Wasser.

So ist dieses Buch gemeint

Du musst nichts auswendig lernen und keine Definitionen pauken. Wenn du am Ende jedes Kapitels eine Sache verstanden hast und eine Sache ausprobiert hast, hat das Kapitel seinen Zweck erfüllt. Mehr erwarte nicht einmal ich von dir.

Eine kurze Standortbestimmung

Bevor wir tiefer einsteigen, lohnt sich ein ehrlicher Blick auf den Status quo. Künstliche Intelligenz, insbesondere die großen Sprachmodelle, mit denen die meisten von uns mittlerweile in Kontakt kommen, haben in den letzten Jahren einen Sprung gemacht, der selbst Fachleute überrascht hat. Was vor wenigen Jahren noch nach Science-Fiction klang - ein Computer, der mit dir in normaler Sprache diskutiert, Texte verfasst, Code schreibt oder komplexe Sachverhalte erklärt - ist heute für jeden mit Internetzugang verfügbar, oft sogar kostenlos.

Gleichzeitig ist wichtig zu verstehen: Diese Systeme sind keine denkenden Wesen, auch wenn sie manchmal erstaunlich menschlich wirken. Sie sind hochkomplexe Mustererkennungsmaschinen, die auf Basis gewaltiger Textmengen gelernt haben, welche Wörter in welchem Zusammenhang wahrscheinlich aufeinander folgen. Das klingt im ersten Moment ernüchternd - ist aber genau der Schlüssel, um diese Werkzeuge richtig einzuschätzen. Wir kommen in Kapitel 11 ausführlicher darauf zurück.

Übung zum Einstieg: Wie viel KI nutzt du schon unbewusst?

Bevor wir tiefer einsteigen, eine ehrliche Bestandsaufnahme. Nimm dir zwei Minuten und geh die letzten 24 Stunden durch. Ein Stift und ein Zettel reichen völlig, ein Notiz-Tool auf dem Handy tut es aber auch.

✏️ Selbsttest: KI-Spuren im eigenen Alltag

- Hast du dein Smartphone per Gesichts- oder Fingerabdruckerkennung entsperrt?
- Hat dir eine Navigations-App eine Route vorgeschlagen, die Verkehr in Echtzeit berücksichtigt?
- Wurde dir bei Netflix, Spotify oder YouTube etwas vorgeschlagen, das überraschend gut passte?
- Hat eine Rechtschreibkorrektur mehr getan, als nur Tippfehler zu finden – zum Beispiel ganze Formulierungen vorgeschlagen?
- Ist eine Spam- oder Phishing-Mail erst gar nicht in deinem Postfach gelandet?
- Hast du eine Frage in ein Chat-Fenster getippt und eine Antwort in normaler Sprache bekommen?

Auswertung: Wenn du bei mindestens drei Punkten „Ja" sagst – herzlichen Glückwunsch, du bist längst mittendrin. Die Frage ist also nicht mehr ob du mit KI zu tun hast, sondern wie bewusst du das tust und ob du das Potenzial schon ausschöpfst, das in diesen Werkzeugen steckt.

Ein Versprechen, bevor wir loslegen

Ich werde dir in diesem Buch nichts schönreden. KI hat echte Schattenseiten, und wir werden sie uns genauso ehrlich anschauen wie die Chancen – von Datenschutzfragen über Fehlinformationen bis hin zu der berechtigten Sorge, was mit bestimmten Berufsbildern passiert. Aber mein Grundton bleibt optimistisch, und zwar aus gutem Grund: Technologien dieser Tragweite hat es in der Menschheitsgeschichte immer wieder gegeben, vom Buchdruck über die Elektrizität bis zum Internet. Jedes Mal gab es berechtigte Sorgen, jedes Mal haben wir Wege gefunden, das Werkzeug zu unserem Vorteil zu nutzen. Ich sehe keinen Grund, warum das diesmal anders sein sollte – vorausgesetzt, wir gehen das Thema informiert und mit offenen Augen an.

Genau dafür ist dieses Buch da. Lass uns loslegen.

Kapitel 2

Die wichtigsten Begriffe, einmal verständlich erklärt

Bevor wir tiefer einsteigen, müssen wir kurz aufräumen. Wenn du Artikel über künstliche Intelligenz liest, stolperst du ständig über Begriffe, die wild durcheinander geworfen werden: Künstliche Intelligenz, Machine Learning, Deep Learning, neuronale Netze, große Sprachmodelle, generative KI. Das klingt, als bräuchte man ein Informatikstudium, um mitreden zu können. Braucht man nicht. Du brauchst nur fünf Minuten und ein bisschen Geduld, dann ergibt das Ganze plötzlich Sinn.

Künstliche Intelligenz – der große Überbegriff

Fangen wir oben an. Künstliche Intelligenz ist erstmal nur ein Sammelbegriff für Computersysteme, die Aufgaben erledigen, für die man normalerweise menschliche Intelligenz bräuchte. Das ist bewusst weit gefasst, denn darunter fällt eine ganze Menge: ein simples Schachprogramm genauso wie ein Sprachmodell, das mit dir einen Aufsatz diskutiert. Wichtig ist: KI ist keine einzelne Technologie, sondern eher eine Zielsetzung. So, wie „Fortbewegung" kein einzelnes Fahrzeug beschreibt, sondern alles von Fahrrad bis Flugzeug umfasst.

Innerhalb dieses großen Feldes gibt es nun verschiedene Ansätze, wie man diese Intelligenz technisch umsetzt. Und genau hier kommen die anderen Begriffe ins Spiel.

Machine Learning – lernen statt programmieren

Früher hat man Computern jede Regel einzeln beigebracht: Wenn X passiert, mache Y. Das funktioniert gut für klar definierte Aufgaben, scheitert aber kläglich bei allem, was unscharf ist – zum Beispiel, ob auf einem Foto eine Katze zu sehen ist. Es gibt einfach zu viele Variationen, um das per Hand in Regeln zu gießen.

Machine Learning dreht das Prinzip um. Statt Regeln vorzugeben, zeigt man dem System tausende Beispiele – in unserem Fall tausende Fotos, von denen manche Katzen zeigen und manche nicht – und lässt das System selbst herausfinden, welche Muster eine Katze ausmachen. Am Ende kann es auch Katzen erkennen, die es nie zuvor gesehen hat. Es hat gelernt, nicht auswendig gelernt.

💡 Eine Analogie, die hilft

Stell dir vor, du bringst einem Kind bei, Hunde von Katzen zu unterscheiden. Du gibst keine Formel vor („Wenn Ohren spitz und Schwanz lang, dann Katze"). Du zeigst einfach immer wieder Beispiele: „Das ist eine Katze, das ist ein Hund." Irgendwann erkennt das Kind den Unterschied selbst – auch bei Tieren, die es noch nie gesehen hat. Genau das macht Machine Learning, nur mit Mathematik statt kindlicher Intuition.

Deep Learning – viele Schichten, mehr Tiefe

Deep Learning ist eine bestimmte Methode innerhalb des Machine Learning, die auf sogenannten neuronalen Netzen basiert – lose inspiriert davon, wie Nervenzellen im Gehirn miteinander verschaltet sind. Das „Deep" bezieht sich auf die Anzahl der Schichten in diesem Netz: Je mehr Schichten, desto komplexere Muster kann das System erkennen. Frühe neuronale Netze hatten wenige Schichten und konnten einfache Aufgaben lösen. Die Systeme, die heute hinter ChatGPT, Claude und ähnlichen Werkzeugen stecken, haben Dutzende bis Hunderte solcher Schichten – und genau das macht den Unterschied.

Du musst diese technischen Details nicht verinnerlichen. Wichtig ist nur das Prinzip: Mehr Schichten bedeuten mehr Fähigkeit, Zusammenhänge zu erkennen, die für uns Menschen oft erst auf den zweiten Blick sichtbar werden.

Große Sprachmodelle – die KI, mit der du wahrscheinlich sprichst

Wenn du heute „KI" sagst, meinst du wahrscheinlich ein großes Sprachmodell, auf Englisch Large Language Model oder kurz LLM. ChatGPT, Claude, Gemini – das sind alles solche Sprachmodelle. Sie wurden mit gewaltigen Mengen an Text trainiert: Bücher, Webseiten, Artikel, Diskussionen, Code. Aus all diesen Texten haben sie gelernt, wie Sprache funktioniert – nicht im Sinne von Grammatikregeln, sondern im Sinne von: Welches Wort folgt typischerweise auf welches andere, in welchem Zusammenhang?

Das klingt zunächst simpel, fast banal. Aber wenn man diesen Mechanismus auf eine gigantische Menge an Text anwendet und ihn extrem leistungsfähig macht, entsteht etwas Erstaunliches: ein System, das kohärente, sinnvolle, oft sogar kreative Texte produzieren kann, das Zusammenhänge erklärt, Code schreibt, übersetzt, zusammenfasst und mit dir diskutiert – obwohl es im

Kern „nur" vorhersagt, welches Wort als nächstes am wahrscheinlichsten kommt.

Was in dem Moment passiert, in dem du eine Frage stellst

Schauen wir uns einmal konkret an, was eigentlich abläuft, wenn du eine Anfrage an ein Sprachmodell schickst. Es ist hilfreich, sich das als Ablauf in vier Schritten vorzustellen, auch wenn die technischen Details im Hintergrund deutlich komplexer sind.

💡 Ein Tag im Leben einer Anfrage

1. Eingabe verstehen: Dein Text wird in kleine Bausteine zerlegt, sogenannte Tokens – das können einzelne Wörter oder auch nur Wortteile sein.

2. Kontext aufbauen: Das Modell berücksichtigt nicht nur deine aktuelle Frage, sondern auch den bisherigen Gesprächsverlauf, um zu verstehen, worauf du dich beziehst.

3. Wahrscheinlichkeiten berechnen: Auf Basis des Trainings berechnet das Modell, welches nächste Wort (genauer: welcher nächste Token) am wahrscheinlichsten sinnvoll ist – und das immer wieder, Wort für Wort.

4. Antwort zusammensetzen: Diese Wort-für-Wort-Vorhersage ergibt am Ende einen vollständigen, meist erstaunlich kohärenten Text – in Sekundenbruchteilen.

Das Entscheidende dabei: Das Modell „weiß“ nicht im menschlichen Sinne, dass die Antwort richtig ist. Es hat gelernt, welche Antworten in ähnlichen Zusammenhängen typischerweise sinnvoll waren. Das funktioniert erstaunlich gut - aber es erklärt auch, warum diese Systeme manchmal mit großer Überzeugung etwas Falsches behaupten. Dazu kommen wir in Kapitel 11 noch ausführlicher.

Warum das kein Hexenwerk, aber auch keine Zauberei ist

Mir hilft persönlich ein einfacher Vergleich: Ein Sprachmodell ist wie ein extrem belesener Gesprächspartner mit einem fotografischen Gedächtnis für Muster, aber ohne echtes Verständnis im menschlichen Sinne. Es hat nie eine Tasse Kaffee getrunken, nie einen Sonnenuntergang gesehen, nie Angst gehabt. Aber es hat Millionen Texte gelesen, in denen Menschen über genau diese Dinge geschrieben haben - und kann deshalb erstaunlich treffend darüber sprechen.

Diese Unterscheidung ist nicht nur philosophisches Beiwerk. Sie hat ganz praktische Konsequenzen dafür, wie du diese Werkzeuge sinnvoll einsetzt - und wo du besser vorsichtig bleibst. Genau darum geht es in den nächsten Kapiteln.

Übung: Die Begriffe in eigenen Worten

✏️ Probier es selbst

Erkläre die folgenden vier Begriffe jeweils in einem einzigen Satz, so, wie du es einem Freund am Küchentisch erklären würdest, ohne Fachbegriffe zu benutzen:

1. Künstliche Intelligenz
2. Machine Learning
3. Deep Learning
4. Großes Sprachmodell

Wenn dir das gelingt, ohne ins Stocken zu geraten, hast du das Kapitel verinnerlicht – und das ist mehr, als die meisten Menschen von sich behaupten können, die täglich über KI reden.

Kapitel 3

Warum gerade jetzt der Durchbruch kam

Ein Satz, den ich in den letzten Jahren auffällig oft gehört habe, lautet: „Das kam doch aus dem Nichts." Ich verstehe, warum es sich so anfühlt – plötzlich ist überall von KI die Rede, plötzlich kann ein Programm Texte schreiben, die man kaum von menschlichen unterscheiden kann. Aber „aus dem Nichts" stimmt nicht. Was wir gerade erleben, ist das Ergebnis von über siebzig Jahren Forschung, die sich nur in den letzten Jahren plötzlich rasant beschleunigt hat. Wenn du verstehst, wie es dazu kam, verstehst du auch viel besser, wohin die Reise vermutlich noch geht.

Die Anfänge: Eine kühne Idee aus den Fünfzigern

Der Begriff „Artificial Intelligence" wurde 1956 auf einer Konferenz in Dartmouth geprägt, wo eine Handvoll Wissenschaftler die kühne These aufstellte, dass sich im Prinzip jeder Aspekt menschlichen Lernens und Denkens so präzise beschreiben lasse, dass eine Maschine ihn simulieren könne. Das war eine enorm optimistische Annahme – und sie sollte sich als deutlich schwieriger erweisen als gedacht.

In den folgenden Jahrzehnten gab es immer wieder Wellen der Begeisterung, gefolgt von Phasen der Ernüchterung, die in der Forschung bezeichnenderweise „KI-Winter" genannt werden. Computer waren zu langsam, Daten zu rar, die Methoden noch nicht ausgereift genug. Schachprogramme konnten irgendwann gegen Großmeister gewinnen, aber ein Computer, der einfach nur ein Foto beschreiben konnte, war noch Science-Fiction.

Der stille Wendepunkt: Daten und Rechenleistung

Was sich ab den 2010er-Jahren änderte, war weniger eine einzelne geniale Erfindung als vielmehr das Zusammentreffen mehrerer Entwicklungen. Erstens: das Internet produzierte plötzlich gigantische Mengen an digitalem Text, Bildern und Daten – genau das Futter, das Machine-Learning-Systeme zum Lernen brauchen. Zweitens: Grafikkarten, ursprünglich für Computerspiele entwickelt, stellten sich als überraschend gut geeignet heraus, um die mathematischen Berechnungen hinter neuronalen Netzen massiv zu beschleunigen. Drittens: Forscher entwickelten neue, effizientere Methoden, um diese Netze zu trainieren.

2012 gab es einen ersten breit wahrgenommenen Meilenstein, als ein neuronales Netz bei einem Bilderkennungswettbewerb alle klassischen Ansätze klar hinter sich ließ. Das war der Moment, in dem viele Forscher merkten: Hier passiert gerade etwas Grundlegendes.

2017: Die Idee, die alles veränderte

Der eigentliche Auslöser für das, was wir heute erleben, war eine Forschungsarbeit aus dem Jahr 2017 mit dem unscheinbaren Titel „Attention Is All You Need“. Darin stellten Forscher eine neue Architektur für neuronale Netze vor, die sogenannte Transformer-Architektur. Vereinfacht gesagt löste diese Architektur ein zentrales Problem: Sie ermöglichte es Systemen, sehr lange Texte zu verarbeiten und dabei zu erkennen, welche Wörter im Satz aufeinander Bezug nehmen – selbst wenn sie weit auseinanderstehen.

Diese Architektur ist bis heute das technische Rückgrat praktisch aller großen Sprachmodelle. Du musst die Details nicht verstehen, aber der Name lohnt sich zu merken – wann immer du das „T“ in Begriffen wie „GPT“ liest, steht es genau für diese Idee: Generative Pre-trained Transformer.

💡 Warum diese eine Idee so viel bewirkt hat

Man kann sich das wie einen Leser vorstellen, der einen langen Roman liest. Ein schlechter Leser vergisst, wer am Anfang des Buches erwähnt wurde, sobald er auf Seite 200 ist. Die Transformer-Architektur ist wie ein Leser mit perfektem Gedächtnis, der jederzeit zurückblättern und Zusammenhänge über das ganze Buch hinweg erkennen kann – nur eben in Sekundenbruchteilen und für gewaltige Textmengen gleichzeitig.

Vom Forschungslabor in dein Wohnzimmer

Von dieser technischen Grundlage bis zu den Werkzeugen, die du heute kennst, dauerte es noch einige Jahre Feinarbeit – vor allem darin, diese Modelle so zu trainieren, dass sie hilfreich, verständlich und einigermaßen sicher antworten, statt einfach nur statistisch plausible Texte auszuspucken. Ende 2022 brachte ein Sprachmodell-Chat dieses Thema dann erstmals einem breiten Publikum nahe, nicht nur Forschern und Tech-Enthusiasten. Innerhalb weniger Monate hatten Millionen Menschen weltweit zum ersten Mal direkt mit einer KI gesprochen – viele davon, ohne es vorher für möglich gehalten zu haben.

Seitdem ist die Entwicklung in einem Tempo weitergegangen, das selbst erfahrene Forscher überrascht. Neue Modellgenerationen folgen in Monatsabständen statt in Jahren. Die Systeme wurden nicht nur besser im Schreiben, sondern lernten, Bilder zu verstehen, mit Werkzeugen zu arbeiten, im Internet zu recherchieren und sogar eigenständig mehrstufige Aufgaben zu erledigen.

Was diese Geschichte für dich bedeutet

Warum erzähle ich dir das alles? Nicht aus reinem historischem Interesse, sondern weil dieser Rückblick eine wichtige Sache klarmacht: Die aktuelle Entwicklung ist kein Strohfeuer, das genauso schnell wieder verschwindet, wie es gekommen ist. Sie steht auf jahrzehntelanger Forschungsarbeit und einer technischen Grundidee, die sich als erstaunlich tragfähig erwiesen hat. Gleichzeitig zeigt die Geschichte auch: Es gab immer wieder Phasen der Übertreibung, gefolgt von realistischeren Einschätzungen. Ein gesundes Maß an Nüchternheit neben dem Optimismus schadet also nicht.

Für dich als Einsteiger heißt das vor allem eines: Du steigst nicht zu spät ein. Die Werkzeuge, die heute verfügbar sind, werden in zwei Jahren vermutlich nochmal deutlich leistungsfähiger sein – aber die Grundprinzipien, die du in diesem Buch lernst, bleiben relevant. Wer heute versteht, wie man mit KI sinnvoll umgeht, hat morgen einen klaren Vorteil, ganz gleich, wie schnell sich die Technik weiterentwickelt.

Übung: Deine eigene KI-Zeitleiste

✏️ Kurzer Realitätscheck

Überlege kurz: Wann hattest du zum ersten Mal bewusst Kontakt mit einem KI-Sprachmodell? Was war dein erster Eindruck – begeistert, skeptisch, überfordert, neugierig? Und: Wie hat sich diese Einschätzung seitdem verändert?

Wenn du magst, schreib dir die Antwort kurz auf. Es ist erstaunlich aufschlussreich, sich am Ende dieses Buches noch einmal daran zu erinnern, wie der eigene Startpunkt aussah – gerade weil sich die eigene Einschätzung oft schneller verändert, als man denkt.

Kapitel 4

Der unsichtbare Helfer in deiner Hosentasche

Lass mich mit einer steilen These einsteigen: Du nutzt heute schon KI, mehrfach täglich, ohne groß darüber nachzudenken. Das ist keine Übertreibung, um dieses Kapitel spannender zu machen – das ist schlicht der Status quo im Jahr 2026. Der Unterschied zwischen „ich nutze keine KI“ und „ich nutze KI bewusst und gezielt“ ist viel kleiner, als die meisten Menschen denken. Und genau diesen Unterschied wollen wir in diesem Kapitel kleiner machen.

Die KI, die längst im Hintergrund mitläuft

Fangen wir mit den Dingen an, die so selbstverständlich geworden sind, dass wir sie kaum noch als KI wahrnehmen. Dein Smartphone entsperrt sich, weil ein neuronales Netz dein Gesicht in Sekundenbruchteilen mit einem gespeicherten Muster abgleicht – und das zuverlässig genug, dass Banken diese Technik für Überweisungen akzeptieren. Deine Navigations-App berechnet nicht einfach die kürzeste Strecke, sondern bezieht Echtzeitdaten von tausenden anderen Verkehrsteilnehmern ein, um Staus vorherzusagen, bevor du überhaupt in ihnen steckst.

Wenn du eine Serie bei einem Streamingdienst zu Ende geschaut hast und dir sofort die nächste passende Empfehlung angezeigt wird, steckt dahinter ein System, das aus Millionen Sehgewohnheiten gelernt hat, welche Inhalte typischerweise zusammenpassen. Und wenn deine Bank eine verdächtige

Kartentransaktion blockiert, bevor du überhaupt merkst, dass deine Daten kompromittiert wurden, war auch dort höchstwahrscheinlich ein KI-System am Werk, das Millionen normale Transaktionsmuster kennt und Abweichungen sofort erkennt.

Eine ganz normale Stunde

Du wachst auf, dein Fitness-Tracker hat über Nacht deinen Schlaf analysiert und einen Score berechnet. Beim Frühstück liest du Nachrichten, deren Reihenfolge ein Algorithmus für dich sortiert hat. Du fährst los, deine Navigation warnt vor einem Stau, von dem die Polizei noch gar nichts weiß. Im Büro filtert dein E-Mail-Programm zwölf Spam-Mails heraus, ohne dass du es bemerkst. Das alles, bevor du überhaupt deinen ersten Kaffee ausgetrunken hast.

Warum dir das bisher kaum aufgefallen ist

Das ist kein Zufall, sondern Absicht. Gute Technologie ist meistens unsichtbar. Niemand bei der Bahn nennt sein Buchungssystem stolz „KI-Buchungssystem", weil es schlicht funktionieren soll, ohne dass du darüber nachdenkst. Erst die neue Generation von Sprachmodellen hat KI aus dieser Unsichtbarkeit herausgeholt, weil du jetzt direkt mit ihr sprichst, statt dass sie nur leise im Hintergrund Empfehlungen sortiert.

Das verändert die Wahrnehmung grundlegend. Plötzlich ist KI nicht mehr nur ein Werkzeug, das für dich arbeitet, ohne dass du es siehst – sondern ein Gesprächspartner, mit dem du aktiv interagierst. Und genau dieser Sprung von „hintergründig" zu „direkt nutzbar" ist der eigentliche Grund, warum sich gerade alles so neu und überwältigend anfühlt, obwohl du im Grunde schon seit Jahren mit KI-Systemen zu tun hast.

Der nächste Schritt: KI aktiv statt passiv nutzen

Die KI in deiner Navigations-App oder deinem Spamfilter arbeitet für dich, aber du steuerst sie kaum. Sie trifft Entscheidungen nach festen Mustern, die Entwickler im Vorfeld festgelegt haben. Bei den neuen Sprachmodellen ist das anders: Du gibst die Richtung vor, du stellst die Fragen, du entscheidest, wofür du das Werkzeug einsetzt. Das ist ein fundamentaler Unterschied – von Konsum zu aktiver Nutzung.

Genau dieser aktive Umgang ist das, was wir uns in den nächsten Kapiteln genauer anschauen. Aber bevor wir dahin kommen, lohnt sich ein kurzer Moment der Bestandsaufnahme, denn Selbstreflexion ist der beste Startpunkt für jede Veränderung.

Übung: KI-Spurensuche im eigenen Zuhause

Diese Übung baut auf der kurzen Selbsteinschätzung aus Kapitel 1 auf, geht aber einen Schritt weiter. Geh diesmal nicht nur deinen Tag durch, sondern dein ganzes Zuhause – Raum für Raum, Gerät für Gerät.

Die große KI-Inventur

Nimm dir zehn Minuten und geh gedanklich (oder wirklich) durch deine Wohnung. Notiere bei jedem Gerät, ob und wie

KI darin steckt:

- Smartphone: Gesichtserkennung, Kamera-Optimierung, Texteingabe-Vorschläge, Sprachassistent
- Smart-TV oder Streaming-Stick: Empfehlungsalgorithmen, automatische Bildoptimierung
- Saugroboter: Raumkartierung und Routenplanung
- Smart-Home-Geräte: Heizungssteuerung, die aus deinem Verhalten lernt
- E-Mail-Programm: Spamfilter, Kategorisierung, Schreibvorschläge
- Online-Banking-App: Betrugserkennung, Kategorisierung von Ausgaben
- Auto (falls vorhanden): Spurhalteassistent, adaptive Geschwindigkeitsregelung

Reflexionsfrage: Wie viele Treffer hattest du? Die meisten Menschen sind überrascht, wenn sie diese Liste zum ersten Mal ehrlich durchgehen – typischerweise kommen selbst technikferne Haushalte auf acht bis zwölf KI-gestützte Funktionen, ohne ein einziges Mal bewusst „KI-Tool" gedacht zu haben.

Diese Übung hat einen einfachen, aber wichtigen Effekt: Sie nimmt dem Thema die Schwere. KI ist nicht diese fremde, bedrohliche

Technologie, die irgendwo in einem Labor entsteht und dann über dich hereinbricht. Sie ist längst Teil deines Alltags, meistens unauffällig und hilfreich. Die Sprachmodelle, mit denen wir uns in den nächsten Kapiteln intensiver beschäftigen, sind im Grunde nur die sichtbarste, direkteste Form dieser Entwicklung - nicht ihr Anfang.

Im nächsten Kapitel schauen wir uns an, wie du diese sichtbare, direkt nutzbare KI gezielt für dich arbeiten lassen kannst - mit konkreten Beispielen, die du sofort ausprobieren kannst.

Kapitel 5

Wo du tippst, was du brauchst und worauf du achten solltest

Bevor wir im nächsten Kapitel deinen ersten eigenen Prompt schreiben, müssen wir kurz eine sehr praktische Lücke schließen: Wo genau tippt man das eigentlich hin? Diese Frage klingt fast zu simpel, um sie in einem Buch zu beantworten – und genau deshalb wird sie in den meisten Einführungen übersprungen. Dabei ist sie für jeden, der wirklich bei null anfängt, die erste echte Hürde. Lass uns das aus dem Weg räumen, damit du dich ab dem nächsten Kapitel voll auf den Inhalt konzentrieren kannst.

Die wichtigsten Anbieter im Überblick

Es gibt mittlerweile eine ganze Reihe großer Sprachmodelle, aber für den Einstieg reicht es, vier Namen zu kennen, denen du sehr wahrscheinlich ohnehin schon einmal begegnet bist.

> 💡 **Die vier großen Namen**
>
> **ChatGPT (von OpenAI):** Das bekannteste Sprachmodell, oft der erste Kontaktpunkt vieler Menschen mit dem Thema. Erreichbar über Browser (chat.com bzw. chatgpt.com) und eigene App.
>
> **Claude (von Anthropic):** Gilt als besonders stark im Umgang mit längeren Texten, Dokumenten und beim sorgfältigen, durchdachten Formulieren. Erreichbar über claude.ai und

eigene App.

Gemini (von Google): Tief in Google-Dienste integriert, etwa direkt in Gmail oder Google Docs nutzbar. Erreichbar über gemini.google.com und App.

Copilot (von Microsoft): Direkt in Windows und Microsoft 365 eingebaut, daher für viele Büronutzer der naheliegendste Startpunkt, oft schon ohne separate Anmeldung erreichbar.

Die ehrliche Nachricht vorweg: Du brauchst nicht alle vier. Für den Einstieg reicht eines völlig, und welches du wählst, hängt mehr von Geschmack und vorhandenen Konten ab als von dramatischen Unterschieden in der Qualität. Falls du unsicher bist: Wer ohnehin viel mit Microsoft Office arbeitet, findet in Copilot einen naheliegenden Einstieg. Wer Wert auf sorgfältige, ausführliche Antworten legt, ist mit Claude gut bedient. ChatGPT ist schlicht am weitesten verbreitet, was bedeutet, dass du im Bekanntenkreis am ehesten jemanden findest, der dir helfen kann, falls du hängen bleibst.

Browser, App oder eingebaut – was ist der Unterschied?

Du hast grundsätzlich drei Wege, ein Sprachmodell zu erreichen, und alle drei führen zum selben System im Hintergrund.

Über den Browser: Der unkomplizierteste Einstieg. Du rufst die jeweilige Webseite auf wie jede andere Internetseite auch, meldest dich an, und schon kannst du loslegen. Kein Download nötig, funktioniert auf jedem Computer, Tablet oder Smartphone mit Internetzugang.

Über eine eigene App: Praktisch fürs Smartphone, da du dann nicht jedes Mal die Browser-Adresse eintippen musst. Die App bietet meist die gleichen Funktionen wie die Browser-Version, manchmal zusätzlich Spracheingabe oder schnellere Benachrichtigungen.

Eingebaut in bestehende Programme: Manche Sprachmodelle stecken bereits in Programmen, die du längst nutzt – Copilot in Word oder Outlook, Gemini in Gmail. Hier musst du gar nichts Neues installieren, sondern findest meist ein kleines, oft buntes Symbol am Rand des gewohnten Programmfensters.

Kostenlos oder kostenpflichtig?

Alle vier genannten Anbieter bieten eine kostenlose Version an, die für den Einstieg und für die meisten Übungen in diesem Buch völlig ausreicht. Die kostenpflichtigen Versionen, meist zwischen 15 und 25 Euro im Monat, bieten vor allem mehr Anfragen pro Tag, Zugriff auf leistungsfähigere Modellvarianten und teils zusätzliche Funktionen wie das Hochladen größerer Dokumente.

Meine klare Empfehlung für den Anfang: Starte kostenlos. Du wirst schnell selbst merken, ob du an die Grenzen der kostenlosen Version stößt – typischerweise eine bestimmte Anzahl an Nachrichten pro Tag oder etwas ältere, leicht schwächere Modellvarianten zu Stoßzeiten. Erst wenn dir das im Alltag tatsächlich auffällt, lohnt sich ein genauerer Blick auf die kostenpflichtigen Angebote.

So sieht dein erster Login aus

Der Ablauf ist bei allen vier Anbietern fast identisch, was die Sache zum Glück einfach macht.

> ✏️ **In fünf Minuten startklar**
>
> **Schritt 1:** Rufe die Webseite deines gewählten Anbieters auf oder lade die App aus deinem App Store herunter.
>
> **Schritt 2:** Registriere dich, meist reicht eine E-Mail-Adresse oder ein bestehendes Google- bzw. Microsoft-Konto, mit dem du dich direkt anmelden kannst, ohne ein neues Passwort zu vergeben.
>
> **Schritt 3:** Nach der Anmeldung landest du auf einer meist sehr aufgeräumten Oberfläche: oben oder mittig ein leeres Eingabefeld, oft mit einem Platzhaltertext wie „Wie kann ich helfen?". Genau dort, in dieses Feld, schreibst du deinen Prompt.
>
> **Schritt 4:** Mit Enter oder einem kleinen Pfeil-Symbol daneben schickst du die Nachricht ab. Die Antwort erscheint nach wenigen Sekunden direkt darunter, und du kannst normal weiterschreiben, so wie in einem Chat mit einer echten Person.

Das war es im Grunde schon. Es gibt keine versteckten Menüs, die du erst entschlüsseln musst, und keine Vorkenntnisse, die vorausgesetzt werden. Die Oberfläche ist bewusst so simpel gehalten wie ein Messenger, den du wahrscheinlich längst täglich benutzt.

Ein kurzer Sicherheits-Spickzettel

Bevor du gleich im nächsten Kapitel deinen ersten eigenen Prompt schreibst, noch ein paar Grundregeln, die sich in zehn Sekunden verinnerlichen lassen und dir später viel Ärger ersparen.

✏️ Fünf einfache Regeln für den sicheren Einstieg

- Nutze ein sicheres, einzigartiges Passwort und, wo angeboten, die Zwei-Faktor-Authentifizierung für dein Konto.
- Gib niemals Passwörter, PINs oder vollständige Kreditkartendaten in ein Chat-Fenster ein, egal wie vertrauenswürdig es wirkt.
- Sieh dir in den Einstellungen kurz an, ob deine Eingaben standardmäßig fürs Training genutzt werden, und schalte das ab, wenn dir das wichtig ist.
- Bei sensiblen beruflichen Themen: Erst bei deinem Arbeitgeber nachfragen, ob und welche KI-Tools freigegeben sind, bevor du Firmeninterna eintippst.
- Behandle jede Antwort als ersten Entwurf, nicht als letztes Wort – besonders bei Fakten, Zahlen oder rechtlichen Fragen.

Mit diesem Rüstzeug bist du jetzt tatsächlich bereit. Im nächsten Kapitel schreiben wir gemeinsam deinen ersten richtigen Prompt – und du wirst sehen, wie schnell sich das vertraut anfühlt.

Kapitel 6

Vom ersten Prompt zur echten Arbeitserleichterung

Jetzt wird es praktisch. In diesem Kapitel geht es nicht mehr darum, KI zu verstehen, sondern sie tatsächlich zu benutzen. Falls du bisher noch nie aktiv mit einem Sprachmodell gearbeitet hast: Keine Sorge, die Einstiegshürde ist viel niedriger, als die ganzen Fachbegriffe vermuten lassen. Im Grunde brauchst du nur eine Sache, die du ohnehin schon kannst - schreiben, wie du sprichst.

Der erste Kontakt: Was ist ein Prompt?

Ein „Prompt“ ist nichts anderes als deine Eingabe, deine Anfrage an das System. Das Wort klingt technischer, als es ist - im Grunde ist ein Prompt einfach eine Frage oder Anweisung, formuliert wie an einen kompetenten Kollegen, der dir gerade zum ersten Mal begegnet und den nötigen Kontext braucht, um dir wirklich zu helfen.

Der größte Anfängerfehler ist nicht etwa eine falsche Formulierung, sondern zu wenig Kontext. Wer einfach nur schreibt „Schreib mir einen Text über Hunde“, bekommt einen beliebigen, generischen Text. Wer stattdessen schreibt „Schreib mir einen kurzen, humorvollen Text über Hunde für die Facebook-Seite unseres Tierheims, der Lust macht, ein älteres Tier zu adoptieren“, bekommt etwas, das tatsächlich brauchbar ist. Der Unterschied liegt nicht in der Technik, sondern in der Klarheit deiner eigenen Vorstellung.

💡 **Vorher – Nachher**

Schwacher Prompt: „Hilf mir bei einer E-Mail."

Starker Prompt: „Ich möchte eine E-Mail an einen Kunden schreiben, der eine Lieferung reklamiert hat. Ton: freundlich, aber bestimmt. Wir möchten kostenlosen Ersatz anbieten, aber keinen zusätzlichen Rabatt. Die E-Mail sollte kurz sein, maximal 100 Wörter."

Beide Anfragen führen zu einer Antwort. Aber nur eine davon führt zu einer Antwort, die du tatsächlich so verwenden kannst, ohne sie komplett umzuschreiben.

Drei Bereiche, in denen KI sofort Zeit spart

Statt dir abstrakt alle theoretisch denkbaren Anwendungsfälle aufzuzählen, schauen wir uns drei konkrete Bereiche an, in denen die meisten Menschen sofort einen Unterschied spüren.

Texte schreiben und überarbeiten

Das ist der klassische Einstieg, und das aus gutem Grund. Ob E-Mail, Bewerbungsschreiben, Geburtstagsrede oder Vereinsmitteilung – ein Sprachmodell kann dir einen ersten Entwurf liefern, den du dann anpasst, statt vor einem leeren Blatt zu sitzen. Genauso gut funktioniert es umgekehrt: Du schreibst selbst einen holprigen Entwurf, und die KI hilft dir, ihn zu glätten, ohne dass deine eigene Stimme verloren geht – solange du das explizit so einforderst.

Recherchieren und einordnen

Ein Sprachmodell kann dir komplexe Themen verständlich zusammenfassen, Fachbegriffe erklären oder dir helfen, einen Überblick über ein Thema zu bekommen, in das du dich noch nicht eingearbeitet hast. Wichtig dabei: Es ersetzt keine Primärquellen bei wirklich wichtigen Entscheidungen, aber es ist ein hervorragender Ausgangspunkt, um überhaupt zu verstehen, wonach du suchen solltest. Wir kommen in Kapitel 8 noch genauer darauf zurück, wo hier die Grenzen liegen.

Planen und strukturieren

Egal ob Familienfeier, Umzug oder Vereinsausflug: KI ist überraschend gut darin, aus einer vagen Idee eine konkrete Struktur zu machen – eine Checkliste, einen Zeitplan, eine Aufgabenverteilung. Du gibst die Rahmenbedingungen vor, das System liefert eine erste, oft erstaunlich brauchbare Struktur, die du dann an die Realität anpasst.

Praxisbeispiel: Dein erster eigener Prompt in zehn Minuten

Genug Theorie. Lass uns das direkt ausprobieren. Du brauchst dafür nur ein Sprachmodell deiner Wahl – die meisten haben eine kostenlose Variante, die für den Einstieg völlig ausreicht.

✏️ Schritt für Schritt zum ersten brauchbaren

Ergebnis

Schritt 1: Wähle eine reale Aufgabe, die ohnehin diese Woche bei dir ansteht – eine E-Mail, eine kurze Ansprache, eine Einkaufsliste für ein bestimmtes Gericht.

Schritt 2: Formuliere deine Anfrage mit vier Angaben: Was soll entstehen? Für wen ist es gedacht? Welcher Ton passt? Wie lang darf es sein?

Schritt 3: Schick die Anfrage ab und lies die Antwort kritisch durch. Was fehlt? Was passt nicht zu dir?

Schritt 4: Antworte einfach im Chat mit dem, was du ändern willst – zum Beispiel „Kürzer“, „Weniger förmlich“ oder „Bau noch einen Hinweis auf X ein.“

Genau dieser letzte Schritt wird oft übersehen: Ein Sprachmodell ist kein Münzautomat, bei dem du einmal Geld einwirfst und das perfekte Ergebnis bekommst. Es ist ein Dialog. Die besten Ergebnisse entstehen fast immer in zwei oder drei Anläufen, nicht im ersten Versuch.

Drei Alltagsaufgaben, die du heute noch ausprobieren kannst

✏️ Wähl dir eine Aufgabe aus

1. Die Antwort-E-Mail: Lass dir einen Entwurf für eine E-Mail schreiben, die du eigentlich schon länger vor dir herschiebst.

2. Die Wocheneinkaufsliste: Gib drei Gerichte vor, die du diese Woche kochen willst, und lass dir daraus eine sortierte Einkaufsliste erstellen.

3. Die Erklärung für Laien: Lass dir ein Thema erklären, das dich interessiert, aber bei dem du dich bisher nicht herangetraut hast – mit der Bitte, es so zu erklären, als hättest du keinerlei Vorwissen.

Wenn du eine dieser drei Übungen tatsächlich machst, statt nur weiterzulesen, hast du in den nächsten zehn Minuten mehr praktische KI-Erfahrung gesammelt als die meisten Menschen, die seit Monaten über das Thema reden, ohne es selbst auszuprobieren. Genau das ist der Unterschied, um den es in diesem Buch geht.

Kapitel 7

Wo KI wirklich einen Unterschied macht – jenseits von Effizienz

Bisher haben wir vor allem über Zeitersparnis gesprochen – schneller eine E-Mail schreiben, schneller recherchieren, schneller planen. Das ist ein guter, handfester Einstieg. Aber wenn ich ehrlich bin, wäre mir KI nicht annähernd so wichtig, wenn es dabei nur um ein paar gesparte Minuten ginge. Die eigentlich spannenden Geschichten erlebe ich dort, wo KI tatsächlich Lebensqualität verändert – manchmal in kleinen Dingen, manchmal in größeren.

Gesundheit: Ein wachsamer Begleiter

Im Gesundheitsbereich passiert gerade enorm viel, und nicht alles davon betrifft High-Tech-Krankenhäuser. Viele Menschen tragen heute Geräte am Handgelenk, die Herzrhythmusstörungen erkennen können, bevor überhaupt Symptome spürbar werden. KI-gestützte Bildanalyse hilft Radiologen dabei, kleinste Auffälligkeiten auf Röntgenbildern zu entdecken, die selbst erfahrenen Augen leicht entgehen können – nicht als Ersatz für den Arzt, sondern als zusätzliches, sehr aufmerksames Paar Augen.

Auch im Alltag jenseits der Hochleistungsmedizin gibt es spürbare Erleichterungen. Menschen mit chronischen Erkrankungen nutzen KI-gestützte Apps, um Symptommuster zu erkennen, die ihnen selbst nie aufgefallen wären – etwa, dass Kopfschmerzen auffällig oft zwei Tage nach bestimmten Wetterumschwüngen auftreten. Das ersetzt keinen Arztbesuch, aber es gibt Menschen ein

Werkzeug an die Hand, um informierter in dieses Gespräch zu gehen.

Mobilität: Unabhängigkeit neu gedacht

Ein Bereich, der mich persönlich besonders berührt, ist Mobilität für Menschen, die eingeschränkt sind – sei es durch Alter, Behinderung oder einfach durch die Lage ihres Wohnorts. Sprachgesteuerte Assistenten ermöglichen es Menschen mit eingeschränkter Beweglichkeit, Lichter zu steuern, Anrufe zu tätigen oder Hilfe zu rufen, ohne dafür aufstehen zu müssen. Live-Übersetzung in Echtzeit, mittlerweile direkt in Kopfhörern verfügbar, nimmt Reisenden die Angst vor der Sprachbarriere, die früher viele davon abgehalten hat, überhaupt erst loszufahren.

Navigationssysteme, die nicht nur die schnellste, sondern auch die barrierefreieste Route berechnen können – etwa für Rollstuhlfahrer, die auf abgesenkte Bordsteine angewiesen sind – sind keine Zukunftsmusik mehr, sondern existieren bereits in mehreren Großstädten. Das klingt nach einem Detail, ist für die betroffenen Menschen aber ein Stück echte Selbstständigkeit zurückgewonnen.

💡 Eine kleine, aber wichtige Geschichte

Eine Bekannte, deren Mutter zunehmend schlechter sieht, hat mir erzählt, wie sehr sich der Alltag ihrer Mutter verändert hat, seit sie ihrem Smartphone einfach Fragen stellen kann, statt mühsam kleine Schrift zu entziffern – vom Wetterbericht bis zur Frage, welche Tablette sie gerade in der Hand hält, fotografiert und vorgelesen. Keine große Schlagzeile, aber ein

> *echtes Stück mehr Unabhängigkeit im Alltag.*

Kreativität fördern statt ersetzen

Ein Einwand, den ich häufig höre, lautet: Macht KI uns nicht weniger kreativ, weil sie uns die Arbeit abnimmt? Meine Erfahrung ist eher das Gegenteil, wenn man es richtig anstellt. KI ist hervorragend darin, die Hürde zum Anfangen zu senken – den berühmten leeren Bildschirm, vor dem so viele kreative Projekte sterben, bevor sie überhaupt begonnen haben.

Ein erster Entwurf, ein erster Skizzenvorschlag, eine erste Melodieidee – all das kann KI liefern, und genau dieser erste, unperfekte Aufschlag ist oft das, was Menschen brauchen, um überhaupt loszulegen. Was danach passiert, das Verfeinern, das Einbringen der eigenen Stimme, das Treffen geschmacklicher Entscheidungen, bleibt zutiefst menschlich. KI liefert den Steinbruch, du bist der Bildhauer.

Lernen: Ein geduldiger Lehrer für jeden

Vielleicht der Bereich mit dem größten langfristigen Potenzial ist Bildung. Ein Sprachmodell hat unendlich Geduld. Es wird nie genervt, wenn du dieselbe Frage zum dritten Mal stellst, weil du es beim ersten Mal noch nicht verstanden hast. Es kann eine Erklärung auf zehn verschiedene Arten formulieren, bis eine davon bei dir Klick macht.

Das verändert das Lernen für Erwachsene genauso wie für Kinder. Ein Schüler, der sich im Matheunterricht nicht traut, vor der ganzen

Klasse nochmal nachzufragen, kann zu Hause in seinem eigenen Tempo üben, mit einem System, das nie ungeduldig wird. Ein Erwachsener, der sich nie getraut hat, eine neue Sprache zu lernen, weil ihm der klassische Sprachkurs zu starr war, kann jetzt jederzeit in seinem eigenen Tempo üben, in genau dem Kontext, der für ihn relevant ist.

Übung: KI als Lernpartner ausprobieren

✏️ Ein Thema, drei Erklärungsversuche

Wähle ein Thema, das dich schon länger interessiert, das du aber nie wirklich verstanden hast – egal ob aus Wirtschaft, Wissenschaft, Geschichte oder einem ganz anderen Bereich.

1. Lass dir das Thema einmal ganz einfach erklären, so, als wärst du zwölf Jahre alt.
2. Bitte anschließend um eine etwas ausführlichere Erklärung mit einem konkreten Beispiel aus dem Alltag.
3. Stell zum Schluss die Frage, die dir während des Lesens als Erstes in den Sinn kam – auch wenn sie dir „dumm" vorkommt.

Du wirst vermutlich merken: Es gibt keine dummen Fragen, nur Fragen, die du dich bisher nicht getraut hast, einem Menschen zu stellen. Genau hier liegt eine der unterschätztesten Stärken dieser Technologie.

Bei aller Begeisterung in diesem Kapitel: Ich will nicht den Eindruck erwecken, dass hier alles nur rosig ist. Genau diese Themen – Gesundheit, Abhängigkeit von Technik, Bildung – bringen auch berechtigte Fragen mit sich, denen wir uns im nächsten Kapitel ehrlich stellen.

Kapitel 8

Ehrlich hinschauen, ohne in Panik zu verfallen

Ich hatte dir in Kapitel 1 versprochen, nichts schönzureden. Jetzt ist der Moment, dieses Versprechen einzulösen. Nach zwei Kapiteln voller Begeisterung wird es Zeit für eine ehrliche Bestandsaufnahme der Probleme, die mit dieser Technologie einhergehen - nicht, um dir die Freude zu nehmen, sondern damit du informiert entscheiden kannst, wo du vorsichtig sein solltest.

Datenschutz: Wer liest eigentlich mit?

Die erste Frage, die sich fast jeder irgendwann stellt: Was passiert eigentlich mit dem, was ich da eintippe? Eine berechtigte Frage, und die ehrliche Antwort ist: Es kommt darauf an, welchen Dienst du nutzt und wie er konfiguriert ist. Viele Anbieter nutzen Gespräche standardmäßig, um ihre Modelle weiter zu trainieren, sofern du dem nicht aktiv widersprichst. Andere bieten explizite Einstellungen, mit denen du das unterbinden kannst.

Meine persönliche Faustregel, die ich auch dir ans Herz legen möchte: Behandle ein Sprachmodell wie ein Gespräch mit einem fremden Dienstleister, nicht wie ein privates Tagebuch. Kreditkartennummern, Passwörter, hochsensible Gesundheitsdetails oder Geschäftsgeheimnisse haben dort grundsätzlich nichts zu suchen, egal wie bequem es gerade wäre. Das ist keine Paranoia, sondern derselbe gesunde Menschenverstand, den du wahrscheinlich schon bei E-Mails oder Cloud-Speichern anwendest.

💡 Eine einfache Checkfrage

Bevor du etwas in ein KI-Tool eingibst, frag dich kurz: Wäre es mir unangenehm, wenn dieser Text morgen öffentlich einsehbar wäre? Falls ja, formuliere es allgemeiner oder lass den sensiblen Teil ganz weg. Diese eine Frage erspart dir die meisten Datenschutzprobleme im Alltag.

Filterblasen: Wenn die KI dir nur noch zustimmt

Ein subtileres, aber ebenso wichtiges Problem betrifft, wie sich unsere Informationsaufnahme verändert. Empfehlungsalgorithmen, die dir zeigen, was du sehen willst, gibt es schon lange – das Problem ist also nicht neu. Aber Sprachmodelle bringen eine neue Dimension mit: Sie sind darauf trainiert, hilfreich und angenehm im Umgang zu sein, was leider manchmal bedeutet, dass sie eher zustimmen, statt zu widersprechen, selbst wenn ein Widerspruch angebrachter wäre.

Das kann gefährlich werden, wenn man eine KI nicht als Werkzeug zur Informationsbeschaffung nutzt, sondern als Bestätigungsmaschine für bereits gefasste Meinungen. Wer eine Frage so formuliert, dass nur eine Antwort plausibel erscheint, bekommt diese Antwort auch – und fühlt sich am Ende bestätigt, ohne dass die Information dadurch richtiger geworden wäre.

Verlernen eigener Fähigkeiten

Eine Sorge, die ich sehr ernst nehme, weil ich sie auch bei mir selbst beobachtet habe: Wenn ein Werkzeug eine Aufgabe konsequent für uns übernimmt, verkümmert die eigene Fähigkeit dazu. Niemand rechnet heute noch im Kopf so, wie es Generationen vor uns konnten, weil der Taschenrechner diese Übung überflüssig gemacht hat. Das war ein bewusster, akzeptierter Tausch – aber er war ein Tausch, kein reiner Gewinn.

Bei Sprachmodellen besteht ein ähnliches Risiko, etwa beim Schreiben. Wer jede E-Mail komplett von einer KI verfassen lässt, ohne selbst noch zu formulieren, verliert über Zeit etwas an eigener sprachlicher Schärfe. Mein persönlicher Umgang damit: Ich nutze KI gerne, um einen ersten Entwurf zu bekommen oder meinen eigenen Text zu verbessern – aber bei Texten, die mir wichtig sind, schreibe ich den ersten Gedanken immer noch selbst, bevor ich Unterstützung dazuhole.

Fake News und Deepfakes: Wenn man dem eigenen Auge nicht mehr trauen kann

Das vielleicht beunruhigendste Thema in diesem Kapitel betrifft täuschend echte gefälschte Inhalte – Texte, Bilder, Videos und mittlerweile auch Stimmen, die so überzeugend wirken, dass sie kaum noch von echten Inhalten zu unterscheiden sind. Betrugsfälle, bei denen Kriminelle die Stimme eines Familienmitglieds täuschend echt nachahmen, um am Telefon Geld zu fordern, sind keine Ausnahme mehr, sondern ein dokumentiertes, wachsendes Problem.

Die gute Nachricht: Es gibt einfache, wirksame Verhaltensregeln, die dich vor den meisten dieser Betrugsmaschen schützen, ohne dass du technisches Spezialwissen brauchst.

✏️ Quellencheck: Echt oder KI-generiert?

Bei verdächtigen Inhalten – ungewöhnliche Geldforderungen, schockierende Schlagzeilen, perfekt aussehende, aber unbekannte Bilder – helfen diese vier Fragen:

1. Quelle prüfen: Wer hat das veröffentlicht? Eine seriöse Nachrichtenseite oder ein anonymer Account?
2. Gegenprobe machen: Berichten auch andere, unabhängige Quellen darüber? Eine einzige Quelle ist immer ein Warnsignal.
3. Bei Anrufen mit Geldforderungen: Auflegen und über eine dir bekannte Nummer zurückrufen, niemals über eine Nummer, die der Anrufer selbst angibt.
4. Bei Bildern: Auf unnatürliche Details achten – Hände, Zähne, Text im Hintergrund und Lichtreflexionen sind nach wie vor häufige Schwachstellen bei KI-generierten Bildern.

Der entscheidende Unterschied: Kompetenz statt Angst

Wenn ich diese vier Problemfelder – Datenschutz, Filterblasen, Verlernen, Fake Content – nebeneinander lege, fällt mir eine Gemeinsamkeit auf: In jedem einzelnen Fall ist die Lösung nicht Verzicht, sondern Kompetenz. Niemand käme auf die Idee, das Internet komplett zu meiden, weil es auch dort Betrug und Falschinformationen gibt. Stattdessen haben die meisten von uns über Jahre ein Gespür dafür entwickelt, einer verdächtigen E-Mail zu misstrauen oder eine Quelle zu hinterfragen.

Genau dieses Gespür müssen wir jetzt für KI-generierte Inhalte neu entwickeln – und die gute Nachricht ist, dass es sich dabei größtenteils um dieselben gesunden Skepsis-Reflexe handelt, die du wahrscheinlich schon hast. Sie müssen nur auf ein neues Feld angewendet werden.

Im nächsten Teil des Buches verlassen wir den privaten Alltag und schauen uns an, wie sich diese Chancen und Risiken im Berufsleben darstellen – einem Bereich, in dem gerade besonders viel in Bewegung ist.

Kapitel 9

Warum die richtige Frage nicht „Ersetzt sie mich?" lautet

Kaum ein Satz fällt in Gesprächen über KI im Job häufiger als dieser: „Wird das meinen Job übernehmen?" Das ist eine völlig berechtigte Frage, und ich werde sie in diesem Buch nicht kleinreden. Aber ich möchte sie zu Beginn dieses Kapitels bewusst umformulieren, weil die ursprüngliche Frage in den meisten Fällen am eigentlichen Geschehen vorbeizielt: Die spannendere und für deinen Alltag relevantere Frage lautet, welche Teile deiner Arbeit sich verändern - nicht, ob deine Arbeit komplett verschwindet.

Diese Unterscheidung ist kein Trick, um dich zu beruhigen. Sie beschreibt schlicht, was in den allermeisten Berufen bereits heute passiert. Kaum ein Job besteht aus einer einzigen Tätigkeit. Ein Sachbearbeiter recherchiert, formuliert, prüft, kommuniziert, dokumentiert. KI verändert einzelne dieser Bausteine, oft die zeitaufwendigsten und am wenigsten erfüllenden - und lässt genau die Teile übrig, bei denen menschliches Urteilsvermögen, Erfahrung und zwischenmenschliches Geschick zählen.

Produktivität, die sich tatsächlich spüren lässt

Schauen wir uns das konkret an typischen Bürotätigkeiten an, die in den unterschiedlichsten Berufen vorkommen, egal ob in der Verwaltung, im Handwerk oder in einem Kreativberuf.

Verwaltung und öffentlicher Dienst

Wer in der Verwaltung arbeitet, kennt das Bild: Stapelweise ähnliche Anträge, die alle nach demselben Muster geprüft und beantwortet werden müssen. KI eignet sich hervorragend dafür, Routineanfragen vorzusortieren, Standardantworten zu entwerfen oder lange Vorschriften in verständliche Kernpunkte zu übersetzen. Was bleibt, ist die eigentliche fachliche Entscheidung – die Stelle, an der es auf Erfahrung und Ermessen ankommt, nicht auf reine Geschwindigkeit.

IT und technische Berufe

In der IT hat sich der Umgang mit KI besonders schnell etabliert, weil Code eine sehr klare, regelbasierte Sprache ist, in der Sprachmodelle erstaunlich treffsicher arbeiten. Code-Vorschläge, die Fehlersuche in langen Protokolldateien oder das Schreiben von Dokumentation, die sonst gerne hintenan gestellt wird, lassen sich heute spürbar beschleunigen. Das verändert nicht, dass am Ende ein Mensch verstehen muss, was das System tut und warum – aber der Weg dorthin wird kürzer.

Handwerk und Dienstleistung

Auch wenn handwerkliche Tätigkeiten selbst kaum von KI berührt werden, verändert sich das Drumherum spürbar: Angebote schreiben, Materialbedarf kalkulieren, Kundenanfragen sortieren, Rechnungen formulieren. Genau die administrativen Aufgaben also, die viele Handwerksbetriebe als lästige Pflicht empfinden, weil sie Zeit kosten, die eigentlich der eigentlichen Arbeit fehlt.

Kreativberufe

Hier ist die Diskussion am emotionalsten, und das zu Recht, denn kreative Arbeit ist für viele Menschen mehr als ein Job, sie ist Identität. Trotzdem zeigt sich auch hier ein differenzierteres Bild als die reine Verdrängungsangst: Texter, Designer und Konzeptioner berichten häufig, dass KI bei der Ideenfindung und bei ersten Entwürfen hilft, während die finale kreative Entscheidung, der Feinschliff und vor allem das Verständnis dafür, was eine Zielgruppe wirklich bewegt, weiterhin zutiefst menschlich bleibt.

💡 Praxisbeispiel: E-Mails, Protokolle und Recherchen beschleunigen

Stell dir einen typischen Montagmorgen vor: 40 ungelesene E-Mails, ein Protokoll vom Freitag, das noch ausformuliert werden muss, und eine Recherche zu einem neuen Thema, die eigentlich schon letzte Woche fällig war.

Mit KI-Unterstützung lässt sich das oft so angehen: Die E-Mails grob zusammenfassen und nach Dringlichkeit sortieren lassen, das stichwortartige Protokoll in einen flüssigen Text verwandeln lassen, und für die Recherche einen ersten Überblick erstellen lassen, der dir zeigt, wonach du gezielt weitersuchen solltest. Was vorher der ganze Montagvormittag war, passt häufig in eine gute Stunde – die gewonnene Zeit fließt in die Aufgaben, bei denen dein Fachwissen wirklich gefragt ist.

Der Unterschied zwischen Verdrängung und Verschiebung

Ich will an dieser Stelle nicht naiv klingen: Es gibt Tätigkeiten, die tatsächlich wegfallen, weil sie komplett automatisierbar sind. Einfache, hochrepetitive Aufgaben ohne jeden Ermessensspielraum sind davon am ehesten betroffen. Aber das ist eine andere Aussage als „ganze Berufe verschwinden". In den meisten Fällen verschiebt sich der Schwerpunkt eines Berufsbildes, statt dass er komplett verschwindet – weg von repetitiven Aufgaben, hin zu Aufgaben, die Urteilsvermögen, Empathie, Kreativität oder komplexe Entscheidungsfindung erfordern.

Das ist historisch übrigens kein neues Muster. Als die Tabellenkalkulation in den achtziger Jahren in Büros einzog, befürchteten viele Buchhalter, überflüssig zu werden, weil plötzlich Berechnungen in Sekunden erledigt waren, für die vorher Stunden nötig waren. Tatsächlich stieg die Nachfrage nach Buchhaltern in den folgenden Jahren sogar, weil sich ihre Rolle verschob: weg vom reinen Rechnen, hin zur Analyse und Beratung. Ich bin vorsichtig mit Geschichtsvergleichen, weil jede Technologie ihre eigenen Besonderheiten hat – aber das Muster, dass sich Berufsbilder verschieben statt einfach zu verschwinden, hat sich über viele Technologiewellen hinweg erstaunlich oft wiederholt.

Übung: Deine eigenen Aufgaben durchleuchten

Statt abstrakt über „den Arbeitsmarkt" zu sprechen, schauen wir uns deine eigene Tätigkeit an. Das funktioniert unabhängig davon, ob dein Arbeitstag überwiegend am Schreibtisch, auf der Baustelle, im Lager oder beim Kunden vor Ort stattfindet – jeder Beruf besteht aus einer Mischung unterschiedlicher Tätigkeiten, nicht nur

Büroberufe. Diese Übung wird auch die Grundlage für das nächste Kapitel sein, in dem es um neue Kompetenzen geht.

✎ Die Drei-Spalten-Analyse

Nimm dir ein Blatt Papier oder ein Textdokument und liste zehn Tätigkeiten auf, aus denen dein Arbeitsalltag aktuell besteht – das können körperliche Arbeiten genauso sein wie Telefonate, Planung oder Schreibarbeit. Sortiere sie anschließend in drei Spalten:

- Spalte 1 – Routine: Tätigkeiten, die du im Schlaf erledigen könntest, die wenig Ermessen erfordern – etwa Standardmaterial bestellen, eine wiederkehrende Checkliste abarbeiten oder eine Routinemessung dokumentieren.
- Spalte 2 – Urteilsvermögen: Tätigkeiten, bei denen du Erfahrung, Fachwissen oder eine bewusste Entscheidung einbringst – etwa einen Schaden richtig einschätzen, ein Problem vor Ort improvisiert lösen oder eine Methode wählen, die zur jeweiligen Situation passt.
- Spalte 3 – Beziehung: Tätigkeiten, bei denen es vor allem um Menschen geht – ein Kundengespräch, die Einweisung eines Azubis, eine Verhandlung oder das Vertrauen, das du dir bei einem Stammkunden über Jahre aufgebaut hast.

Beispiel aus dem Handwerk: Ein angestellter Elektriker

könnte „Material fürs nächste Projekt im System bestellen“ in Spalte 1 einordnen, „Entscheiden, wie eine ungewöhnliche Verkabelung im Altbau gelöst wird“ in Spalte 2, und „Dem Kunden vor Ort erklären, warum eine Zusatzleistung nötig ist“ in Spalte 3.

Auswertung: Tätigkeiten in Spalte 1 sind die ersten Kandidaten, bei denen sich KI-Unterstützung lohnt – oft nicht direkt bei der Tätigkeit selbst, sondern beim Drumherum, etwa der Dokumentation oder Bestellung. Spalte 2 und 3 zeigen dir, wo dein eigentlicher beruflicher Wert liegt – und worauf du dich konzentrieren solltest, wenn dir durch KI in Spalte 1 Zeit frei wird.

Im nächsten Kapitel schauen wir uns genauer an, welche Kompetenzen in dieser veränderten Arbeitswelt zunehmend gefragt sind – und wie du dir diese ohne großen Aufwand aneignen kannst.

Kapitel 10

Was du jetzt lernen solltest, ohne dafür ein Studium zu brauchen

Im letzten Kapitel haben wir uns angeschaut, wie sich bestehende Berufe durch KI verändern. Jetzt schauen wir in die andere Richtung: Welche Fähigkeiten entstehen dadurch neu, und welche werden plötzlich wertvoller, obwohl es sie schon lange gibt? Die gute Nachricht vorweg: Die wichtigsten dieser Kompetenzen lassen sich nebenbei aneignen, ohne Studium, ohne monatelangen Kurs, einfach durch bewusstes Üben im Alltag.

Komplett neue Berufsbilder

Ein paar Berufsbezeichnungen, die es vor wenigen Jahren noch gar nicht gab, tauchen mittlerweile regelmäßig in Stellenanzeigen auf. KI-Trainer prüfen und verbessern, wie gut ein System auf bestimmte Anfragen reagiert. Prompt-Spezialisten entwickeln für Unternehmen standardisierte, gut funktionierende Anfragen, mit denen ganze Teams effizienter arbeiten. KI-Ethikbeauftragte beschäftigen sich damit, ob und wie KI-Systeme in einem Unternehmen fair und verantwortungsvoll eingesetzt werden.

Diese komplett neuen Berufe betreffen aber nur einen kleinen Teil der arbeitenden Bevölkerung. Viel relevanter für die meisten von uns ist die zweite Kategorie: bestehende Berufe, die sich durch eine neue Kernkompetenz erweitern.

Prompt Engineering: Eine Fähigkeit, kein Beruf

Der Begriff „Prompt Engineering" klingt nach einer hochkomplexen technischen Disziplin, die man jahrelang studieren muss. Tatsächlich ist es im Kern eine kommunikative Fähigkeit: präzise, klar und mit dem richtigen Kontext zu formulieren, was du erreichen willst. Das ist dieselbe Fähigkeit, die gute Führungskräfte schon immer ausgezeichnet hat, wenn sie Aufgaben an Mitarbeitende delegiert haben – nur dass der Empfänger jetzt eben manchmal eine KI statt ein Mensch ist.

Was diese Fähigkeit in der Praxis ausmacht, haben wir in Kapitel 6 bereits an einem konkreten Beispiel gesehen. An dieser Stelle lohnt sich eine kleine Vertiefung, weil sich in der Praxis ein paar wiederkehrende Bausteine herauskristallisiert haben, die gute von mittelmäßigen Anfragen unterscheiden.

💡 Die vier Bausteine einer guten Anfrage im Berufsalltag

Rolle: Wofür soll sich das System ausgeben? „Du bist ein erfahrener Personalreferent" liefert einen anderen Ton als gar keine Rollenvorgabe.

Kontext: Welche Hintergrundinformationen braucht das System, um eine passende Antwort zu liefern? Je spezifischer, desto besser das Ergebnis.

Aufgabe: Was genau soll entstehen, in welchem Format, mit welcher Länge?

Einschränkungen: Was soll explizit vermieden werden? Zum Beispiel ein bestimmter Fachjargon, eine bestimmte Tonalität oder eine zu große Länge.

Die Fähigkeit, Ergebnisse kritisch zu prüfen

Eine zweite Kompetenz wird zunehmend wichtiger, und sie wird in der öffentlichen Diskussion oft übersehen: die Fähigkeit, KI-generierte Ergebnisse fachlich einzuordnen und zu hinterfragen. Wer ein Sprachmodell um eine Vertragsklausel, eine medizinische Einschätzung oder eine technische Berechnung bittet, muss in der Lage sein zu beurteilen, ob das Ergebnis plausibel ist - und genau hier zeigt sich, warum Fachwissen keineswegs überflüssig wird, sondern im Gegenteil wichtiger, um die Werkzeuge sicher einsetzen zu können.

Das bedeutet im Klartext: Je mehr KI in einem Bereich eingesetzt wird, desto wertvoller wird tiefes Fachwissen in genau diesem Bereich - nicht, weil man die Arbeit noch selbst von Hand erledigen muss, sondern weil man die Qualität der maschinellen Arbeit beurteilen können muss. Ein Anfänger ohne Fachwissen kann eine überzeugend klingende, aber fachlich falsche KI-Antwort kaum von einer richtigen unterscheiden. Ein erfahrener Profi erkennt den Fehler auf den ersten Blick.

Anpassungsfähigkeit als Grundhaltung

Die dritte und vielleicht wichtigste Kompetenz lässt sich weniger leicht in eine Checkliste packen: eine grundsätzliche Offenheit, neue Werkzeuge auszuprobieren, statt an gewohnten

Arbeitsweisen festzuhalten, nur weil sie vertraut sind. Das bedeutet nicht, jeden Trend blind mitzumachen. Es bedeutet, regelmäßig die Frage zu stellen: Gibt es mittlerweile einen besseren Weg, diese Aufgabe zu erledigen?

Diese Haltung lässt sich trainieren, genau wie ein Muskel. Wer sich einmal im Monat bewusst Zeit nimmt, ein neues Werkzeug oder eine neue Funktion auszuprobieren, bleibt dauerhaft anpassungsfähiger als jemand, der wartet, bis die Veränderung ihn von außen einholt.

Übung: Dein persönliches KI-Potenzial einschätzen

Diese Checkliste baut auf der Drei-Spalten-Analyse aus dem letzten Kapitel auf und hilft dir, deine eigene berufliche Position realistisch einzuschätzen – ohne Alarmismus, aber auch ohne Schönfärberei.

✏️ Checkliste: Wie gut bin ich aufgestellt?

- Ich kenne mindestens ein KI-Tool, das für meinen Berufsalltag relevant ist, und habe es bereits ausprobiert.
- Ich kann grob einschätzen, welche meiner Aufgaben sich für KI-Unterstützung eignen und welche nicht.
- Ich habe ein klares Verständnis davon, wo mein fachliches Urteilsvermögen unersetzlich bleibt.
- Ich überprüfe KI-generierte Inhalte aktiv, statt sie unkritisch zu übernehmen.
- Ich nehme mir regelmäßig Zeit, neue Werkzeuge oder

Funktionen auszuprobieren.

- Ich kenne die Haltung meines Arbeitgebers zum Einsatz von KI-Tools im Berufsalltag.

Auswertung: Je mehr Haken du setzen kannst, desto besser bist du bereits aufgestellt. Wichtiger als die genaue Punktzahl ist aber, welche Punkte dir fehlen – genau dort lohnt sich der erste nächste Schritt.

Im nächsten Kapitel schauen wir uns die Kehrseite an: typische Stolpersteine, die im beruflichen Umgang mit KI auftreten – von Fehlentscheidungen bis zu Spannungen im Team.

Kapitel 11

Wo es im Berufsalltag mit KI knirscht – und wie man es vermeidet

Nach zwei Kapiteln voller Chancen wird es Zeit, ehrlich über das zu sprechen, was im beruflichen Alltag mit KI auch schiefgehen kann. Diese Probleme sind in der Regel nicht spektakulär, sie betreffen selten Schlagzeilen-würdige Katastrophen. Sie sind eher die kleinen, ärgerlichen Reibungspunkte, die einem Werkzeug seinen guten Ruf verderben können, wenn man nicht weiß, worauf man achten muss.

Halluzinationen: Wenn die KI mit Überzeugung etwas Falsches sagt

Wir haben den Begriff schon in Kapitel 2 gestreift: Sprachmodelle erzeugen Antworten, indem sie das statistisch wahrscheinlichste nächste Wort vorhersagen, nicht, indem sie in einer Datenbank nach der „richtigen" Antwort suchen. Das funktioniert in den allermeisten Fällen erstaunlich gut, kann aber dazu führen, dass ein System mit großer sprachlicher Sicherheit etwas behauptet, das schlicht falsch ist – eine erfundene Quelle, eine falsche Zahl, ein Gesetz, das es in dieser Form nicht gibt. Man nennt dieses Phänomen Halluzination, weil das System gewissermaßen etwas „sieht", das nicht da ist.

Im beruflichen Kontext kann das ernste Folgen haben, besonders wenn Ergebnisse ungeprüft weitergereicht werden – ein Angebot mit einer falschen Berechnung, eine Zusammenfassung mit einem erfundenen Detail, ein Bericht mit einer Quelle, die es so nicht gibt. Die Lösung dafür ist nicht, KI deshalb zu meiden, sondern eine simple Grundregel zu verinnerlichen: Je wichtiger eine Information, desto wichtiger die eigene Prüfung, bevor sie weitergegeben wird.

> 💡 **Eine Faustregel für den Berufsalltag**
>
> *Bei kreativen Entwürfen, ersten Ideen oder internen Notizen genügt ein flüchtiger Blick. Bei allem, was nach außen geht, an Kunden, Vorgesetzte oder Behörden, gilt: Zahlen, Daten, Quellen und rechtliche Aussagen immer eigenständig gegenprüfen, bevor sie verschickt werden. Diese eine Regel verhindert die allermeisten peinlichen oder kostspieligen Fehler.*

Verantwortung: Wer haftet, wenn es schiefgeht?

Eine Frage, die in vielen Unternehmen noch unklar geregelt ist: Wer trägt die Verantwortung, wenn eine KI-gestützte Entscheidung zu einem Fehler führt? Die rechtliche und ethische Antwort darauf ist heute schon eindeutig, auch wenn sie unbequem ist: Verantwortlich bleibt immer der Mensch, der das Ergebnis nutzt oder freigibt, nicht das Werkzeug selbst. Eine KI ist kein eigenständiges, haftbares Rechtssubjekt, sie ist ein Hilfsmittel – mit allen Konsequenzen, die das mit sich bringt.

Das klingt zunächst unangenehm, ist aber im Grunde keine neue Logik. Auch ein Taschenrechner trägt keine Schuld, wenn jemand eine falsche Zahl eintippt und sich blind auf das Ergebnis verlässt. Wichtig ist, dass diese Klarheit auch innerhalb von Teams und

Unternehmen offen kommuniziert wird, damit niemand im Ernstfall überrascht wird. Wir vertiefen das rechtliche Fundament dazu im nächsten Kapitel.

Akzeptanz im Team: Nicht jeder zieht gleich schnell mit

Ein Reibungspunkt, der selten in technischen Ratgebern vorkommt, aber in der Praxis enorm wichtig ist: Unterschiedliche Geschwindigkeiten bei der Akzeptanz innerhalb eines Teams. Manche Kolleginnen und Kollegen stürzen sich begeistert auf jedes neue Werkzeug, andere bleiben skeptisch oder fühlen sich überfordert. Wenn diese Unterschiede nicht offen angesprochen werden, entstehen leicht Spannungen – etwa, wenn ein Teammitglied subtil das Gefühl bekommt, durch ein effizienteres arbeitendes Teammitglied unter Druck gesetzt zu werden.

Aus eigener Erfahrung kann ich sagen: Der beste Umgang damit ist Offenheit statt Stillschweigen. Wer ein für sich nützliches Vorgehen gefunden hat, profitiert meistens mehr davon, es im Team zu teilen, als es als persönlichen Vorteil zu behandeln. Und wer skeptisch ist, sollte sich trauen, das offen zu sagen, statt aus Scham hinterherzuhinken. Veränderung gelingt fast immer leichter, wenn ein Team sie gemeinsam angeht, statt dass jeder für sich allein navigiert.

💡 Eine Fallstudie aus dem Mittelstand

Ein mittelständisches Unternehmen führte testweise ein KI-Tool zur Angebotserstellung ein. Eine Mitarbeiterin, die das Tool intensiv nutzte, erstellte plötzlich doppelt so viele Angebote wie ihre Kollegen – was zunächst zu Unmut führte, weil andere sich unter Druck gesetzt fühlten, ohne zu wissen, woran es lag. Erst ein offenes Gespräch im Team brachte die Lösung: Die Mitarbeiterin zeigte den anderen ihre Arbeitsweise in einer kurzen, informellen Schulung. Innerhalb weniger Wochen war der ganze Vertrieb auf einem ähnlichen Niveau, und aus anfänglichem Unmut wurde eine gemeinsam geteilte Verbesserung.

Übermäßiges Vertrauen: Die unterschätzte Gefahr

Ein letzter Punkt, der besonders schleichend daherkommt: Mit zunehmender Erfahrung neigen manche Menschen dazu, KI-Ergebnisse immer weniger zu hinterfragen, einfach weil sie in der Vergangenheit so oft zuverlässig waren. Diese Form von Routine-Vertrauen ist menschlich nachvollziehbar, aber genau hier passieren erfahrungsgemäß die teuersten Fehler – nicht am Anfang, wenn man noch vorsichtig ist, sondern später, wenn die anfängliche Sorgfalt einer entspannten Routine gewichen ist.

Ein guter Vergleich ist das Autofahren mit Tempomat: Gerade weil das System zuverlässig funktioniert, sinkt mit der Zeit die eigene Aufmerksamkeit – und genau in diesem Moment der Unachtsamkeit passieren dann die Fehler, die mit etwas mehr Wachsamkeit vermeidbar gewesen wären.

Übung: Die eigene Routine auf den Prüfstand stellen

✏️ Ein ehrlicher Selbstcheck

Denk an die letzten zwei Wochen zurück und beantworte ehrlich:

1. Gab es ein KI-generiertes Ergebnis, das du ungeprüft weitergegeben hast, weil du „ohnehin keine Zeit hattest“?
2. Hast du in dieser Zeit mit einem Kollegen oder einer Kollegin offen über euren unterschiedlichen Umgang mit KI-Tools gesprochen?
3. Weißt du, wer in deinem Unternehmen die Verantwortung trägt, wenn ein KI-gestütztes Ergebnis zu einem Fehler führt?

Falls du bei einer dieser Fragen ins Stocken gerätst, ist das kein Grund zur Sorge – sondern ein guter Ausgangspunkt für das nächste Kapitel, in dem wir uns mit den rechtlichen Grundlagen und einer praktischen Checkliste für den sicheren Einsatz im Job beschäftigen.

Kapitel 12

Die wichtigsten rechtlichen Leitplanken, ohne Juristendeutsch

Ich bin kein Jurist, und dieses Kapitel ersetzt keine Rechtsberatung. Aber genau wie bei den technischen Grundlagen in Kapitel 2 reicht es auch hier nicht, das Thema komplett auszusparen, nur weil es etwas trockener ist. Die folgenden Grundlagen helfen dir, im Berufsalltag ein gesundes Gespür dafür zu entwickeln, wo du vorsichtig sein solltest - und wann sich ein Blick zu deiner Rechtsabteilung oder einem Anwalt tatsächlich lohnt.

Urheberrecht: Wem gehört, was die KI erstellt?

Eine der meistdiskutierten Rechtsfragen rund um KI betrifft das Urheberrecht, und zwar gleich in zwei Richtungen. Die erste Richtung: Darf eine KI mit urheberrechtlich geschütztem Material trainiert werden? Diese Frage wird derzeit in mehreren Ländern gerichtlich verhandelt, mit teils unterschiedlichen vorläufigen Antworten - ein Thema, das sich noch entwickelt und bei dem es sich lohnt, am Ball zu bleiben.

Die zweite Richtung betrifft dich direkter: Wem gehört ein Text, ein Bild oder eine Präsentation, die eine KI für dich erstellt hat? Nach aktuellem deutschem Recht setzt ein Urheberrecht eine persönliche, menschliche Schöpfung voraus. Ein rein maschinell erzeugtes Werk genießt deshalb für sich genommen keinen eigenen Urheberrechtsschutz. Sobald du das Ergebnis aber bearbeitest, kombinierst oder mit eigener kreativer Leistung anreicherst, entsteht in der Regel wieder ein schutzfähiges Werk, weil dann ein eigener menschlicher Beitrag erkennbar ist.

> 💡 **Was das praktisch bedeutet**
>
> *Ein von einer KI komplett unbearbeitet erstelltes Logo lässt sich rechtlich nur eingeschränkt schützen. Sobald du es aber gezielt anpasst, mit deiner Marke kombinierst und kreative Entscheidungen triffst, entsteht ein eigenständiges, schutzfähiges Werk. Die Faustregel: Je mehr eigene gestalterische Entscheidung einfließt, desto klarer die rechtliche Lage.*

Die DSGVO: Datenschutz bleibt Chefsache

Die Datenschutz-Grundverordnung gilt unverändert auch beim Einsatz von KI-Tools, sie wurde durch deren Aufkommen nicht außer Kraft gesetzt. Das bedeutet konkret: Personenbezogene Daten – Namen, Adressen, Gesundheitsdaten, Mitarbeiterdaten – dürfen nicht ohne Weiteres in ein KI-Tool eingegeben werden, vor allem dann nicht, wenn der Anbieter diese Daten serverseitig speichert oder zu Trainingszwecken weiterverwendet.

Viele Unternehmen lösen das mittlerweile über spezielle Geschäftskundenverträge mit den jeweiligen Anbietern, die zusätzliche Datenschutzgarantien enthalten, etwa dass eingegebene Daten nicht fürs Training verwendet werden. Für dich als einzelne Mitarbeiterin oder Mitarbeiter heißt das vor allem eines: Bevor du personenbezogene Daten in ein KI-Tool eingibst, kläre, ob dein Unternehmen eine solche Vereinbarung hat – und falls nicht, lass diese Daten lieber draußen oder anonymisiere sie vorher.

Der EU AI Act: Ein neuer rechtlicher Rahmen

Die Europäische Union hat mit dem AI Act erstmals ein umfassendes Gesetz speziell für den Umgang mit künstlicher Intelligenz geschaffen. Vereinfacht gesagt teilt dieses Gesetz KI-Anwendungen in Risikoklassen ein: Manche Anwendungen, etwa zur Manipulation von Wahlen, sind komplett verboten. Andere, etwa im Personalwesen oder in der Kreditvergabe, gelten als Hochrisikoanwendungen und unterliegen strengen Transparenz- und Dokumentationspflichten. Die meisten Alltagsanwendungen, mit denen du in diesem Buch zu tun hast, fallen in die niedrigste Risikoklasse und sind kaum reglementiert.

Für dich als Einzelperson im Berufsalltag bedeutet das in der Praxis selten eine direkte Pflicht. Relevant wird es vor allem für Unternehmen, die KI-Systeme selbst entwickeln oder in sensiblen Bereichen wie Bewerbungsverfahren einsetzen. Trotzdem lohnt sich ein grobes Verständnis, weil dein Arbeitgeber in den kommenden Jahren vermutlich zunehmend klarere interne Richtlinien entwickeln wird, an die du dich halten solltest.

Unternehmensrichtlinien: Der wichtigste praktische Anker

So spannend die großen rechtlichen Rahmenwerke auch sind, im Alltag am wichtigsten ist meistens etwas viel Bodenständigeres: die internen Richtlinien deines eigenen Arbeitgebers. Viele Unternehmen haben mittlerweile klare Vorgaben dazu, welche KI-

Tools genutzt werden dürfen, welche Daten dabei eingegeben werden dürfen und wie Ergebnisse gekennzeichnet werden müssen. Falls dein Arbeitgeber noch keine solchen Richtlinien hat, ist das selbst ein guter Anlass, das Thema aktiv anzusprechen, statt im rechtlichen Graubereich zu improvisieren.

Checkliste: KI-Tool-Einsatz im Job

Diese Checkliste fasst die wichtigsten Punkte aus diesem Kapitel zusammen – als schneller Reality-Check, bevor du ein KI-Tool für eine neue berufliche Aufgabe einsetzt.

✏️ Bevor du loslegst, kurz prüfen

- Habe ich geklärt, welche KI-Tools mein Arbeitgeber offiziell erlaubt oder bereitstellt?
- Enthält meine Eingabe personenbezogene Daten von Kunden, Kollegen oder Dritten? Falls ja: Ist das durch eine entsprechende Vereinbarung gedeckt?
- Handelt es sich bei der Aufgabe um eine Hochrisikoanwendung, etwa im Personalwesen oder bei wichtigen Entscheidungen über Menschen? Falls ja: zusätzliche Vorsicht und Rücksprache.
- Werde ich das Ergebnis vor der Weitergabe inhaltlich prüfen, insbesondere Zahlen, Quellen und rechtliche Aussagen?
- Ist für Außenstehende erkennbar oder transparent gemacht, dass KI an der Erstellung beteiligt war, falls das in meinem Kontext relevant oder vorgeschrieben

ist?

- Habe ich im Zweifel Rücksprache mit der Rechtsabteilung, dem Datenschutzbeauftragten oder einer fachkundigen Person gehalten?

Diese Checkliste wird dich nicht vor jedem denkbaren Problem schützen, dafür ist das Thema zu jung und in zu starker Bewegung. Aber sie deckt die Punkte ab, an denen in der Praxis die allermeisten vermeidbaren Fehler entstehen. Mit diesem rechtlichen Fundament schließen wir den beruflichen Teil dieses Buches ab. Im nächsten Teil weiten wir den Blick noch einmal, von deinem persönlichen Arbeitsplatz auf die Gesellschaft als Ganzes.

Kapitel 13

Ein Blick über den eigenen Schreibtisch hinaus

Die letzten Kapitel haben sich um dich gedreht: dein Alltag, dein Job, deine Möglichkeiten. Das war bewusst so gewählt, weil ein Buch wie dieses dort am meisten bewirkt, wo es konkret wird. Aber KI ist kein rein persönliches Thema. Sie verändert, wie eine ganze Gesellschaft funktioniert, und genau wie bei jeder großen Technologie zuvor profitieren davon nicht alle Menschen gleichermaßen. Diesen größeren Blick wollen wir uns jetzt erlauben, bevor wir am Ende des Buches wieder zu dir persönlich zurückkehren.

Die digitale Spaltung bekommt eine neue Dimension

Den Begriff „digitale Spaltung" kennst du vermutlich schon aus dem Zusammenhang mit Internetzugang: Menschen mit schnellem Internet und modernen Geräten hatten lange einen klaren Vorteil gegenüber jenen ohne. Bei KI entsteht eine neue, subtilere Variante dieser Spaltung. Der reine Zugang ist mittlerweile selten das Problem, die meisten leistungsfähigen Sprachmodelle sind kostenlos nutzbar. Der entscheidende Unterschied liegt heute woanders: in der Fähigkeit, diese Werkzeuge sinnvoll einzusetzen.

Menschen mit guter Bildung, beruflicher Erfahrung im Umgang mit digitalen Werkzeugen und einem unterstützenden Umfeld eignen sich diese Kompetenz oft wie nebenbei an. Menschen ohne diesen Hintergrund - sei es aus Altersgründen, mangelnder formaler Bildung oder schlicht fehlender Zeit und Anleitung – laufen Gefahr, trotz technischem Zugang den Anschluss zu verlieren. Das ist eine der zentralen gesellschaftlichen Herausforderungen der kommenden Jahre, und ehrlich gesagt einer der Gründe, warum ich dieses Buch überhaupt geschrieben habe: Information und verständliche Erklärung sind ein wirksames Mittel gegen genau diese Spaltung.

Bildungsgerechtigkeit: Ein zweischneidiges Schwert

Im Bildungsbereich zeigt sich diese Ambivalenz besonders deutlich. Einerseits eröffnet KI enorme Chancen für mehr Bildungsgerechtigkeit, wie wir in Kapitel 7 gesehen haben: ein geduldiger, kostenloser Lernbegleiter, jederzeit verfügbar, unabhängig vom Einkommen der Eltern oder der Ausstattung der Schule vor Ort. Das könnte gerade Kindern aus bildungsfernen oder einkommensschwachen Haushalten neue Möglichkeiten eröffnen, die früher Nachhilfe oder teure Zusatzangebote brauchten.

Andererseits brauchen Kinder und Jugendliche Anleitung, um diese Werkzeuge sinnvoll zu nutzen, statt sich einfach Hausaufgaben erledigen zu lassen, ohne selbst etwas zu lernen. Genau diese Anleitung ist wiederum stark davon abhängig, ob Eltern oder Lehrkräfte selbst genug Verständnis für das Thema mitbringen. Die Schere kann sich also in beide Richtungen öffnen, je nachdem, wie gut es Schulen und Familien gelingt, einen bewussten Umgang zu vermitteln, statt das Thema entweder zu verteufeln oder unreflektiert laufen zu lassen.

Ein Blick über Deutschland hinaus

Die Diskussion um KI wird in Deutschland und Europa oft mit einem bestimmten Wohlstandsniveau als Selbstverständlichkeit geführt.

Ein Blick in andere Teile der Welt relativiert das schnell. In Ländern mit geringerer technischer Infrastruktur entscheidet oft schon die Verfügbarkeit von stabilem Internet oder bezahlbaren Smartphones darüber, ob Menschen überhaupt Zugang zu diesen Werkzeugen haben.

💡 Zwei sehr unterschiedliche Ausgangslagen

In Teilen Ostafrikas nutzen Kleinbauern mittlerweile einfache KI-gestützte Apps, um Pflanzenkrankheiten anhand eines Fotos zu erkennen, oft über das eigene, oft ältere Smartphone, ohne separate Hardware. Das kann existenzsichernd sein, weil Ernteausfälle frühzeitig verhindert werden. Gleichzeitig gibt es in denselben Regionen ländliche Gegenden ganz ohne verlässlichen Internetzugang, in denen diese Chancen schlicht nicht ankommen. Die Schere zwischen „Zugang" und „kein Zugang" bleibt also auf globaler Ebene eine sehr reale Grenze, auch wenn sie sich in den letzten Jahren deutlich verschoben hat.

Diese globale Perspektive soll dich nicht entmutigen, sondern einordnen helfen. Die Herausforderungen, über die wir in diesem Buch sprechen – Datenschutz, Jobveränderungen, der richtige Umgang im Alltag – sind im weltweiten Vergleich tatsächlich Probleme einer privilegierten Position. Das macht sie nicht weniger real für dich, aber es lohnt sich, diese Perspektive im Hinterkopf zu behalten, wenn die Diskussion manchmal sehr auf die eigene unmittelbare Lebenswelt verengt wird.

Was du konkret tun kannst

Diese großen, strukturellen Fragen lassen sich nicht von einer einzelnen Person lösen, das wäre vermessen zu behaupten. Aber jeder von uns hat einen kleinen Wirkungskreis, in dem sich etwas bewegen lässt. Wenn du diesem Buch bis hierhin gefolgt bist, hast du bereits mehr Verständnis für das Thema als viele Menschen in deinem Umfeld – und genau dieses Verständnis lässt sich weitergeben.

Übung: Dein eigener Beitrag zu mehr digitaler Teilhabe

✏️ Eine Person, ein Gespräch

Überlege, ob es in deinem Umfeld jemanden gibt, der bei diesem Thema noch unsicher ist, sei es aus Altersgründen, Desinteresse oder schlicht fehlender Gelegenheit – ein Elternteil, ein Nachbar, ein älterer Kollege.

Nimm dir in den nächsten zwei Wochen bewusst Zeit für ein einziges, kurzes Gespräch oder eine kleine praktische Vorführung: Zeig dieser Person eine einzige, alltagsnahe Anwendung, die ihr Leben spürbar erleichtern könnte – zum Beispiel das Vorlesen einer Tablette in Kapitel 7 oder eine einfache Erklärung, wie in Kapitel 6 geübt.

Das klingt nach wenig, aber genau aus solchen einzelnen Gesprächen entsteht im Kleinen das, was man im Großen digitale Teilhabe nennt. Du musst keine Bildungspolitik machen, um etwas zu bewegen – ein gutes Gespräch reicht oft schon.

Im nächsten Kapitel vertiefen wir ein Thema, das bei dieser gesellschaftlichen Betrachtung immer mitschwingt: die Frage nach Fairness, Vertrauen und Verantwortung, wenn Maschinen zunehmend Entscheidungen mitgestalten, die Menschen betreffen.

Kapitel 14

Warum eine Maschine niemals neutral ist, auch wenn sie so wirkt

Es gibt eine weitverbreitete Annahme, der ich lange selbst aufgesessen bin: dass Maschinen objektiver entscheiden als Menschen, weil sie keine Vorurteile, keine schlechte Laune und keine persönlichen Sympathien haben. Das klingt logisch, ist aber leider nicht ganz richtig – und genau dieses Missverständnis aufzuklären ist eines der wichtigsten Anliegen dieses Kapitels.

Wie Voreingenommenheit in eine Maschine gelangt

Erinnere dich an Kapitel 2: Ein Sprachmodell lernt aus riesigen Mengen menschlich verfasster Texte. Es entwickelt daraus keine eigene Weltanschauung, sondern spiegelt die Muster wider, die in diesen Trainingsdaten enthalten waren – inklusive aller Vorurteile, Ungleichgewichte und blinden Flecken, die in menschlichen Texten nun einmal vorkommen. Man nennt dieses Phänomen Bias, zu Deutsch Verzerrung.

Ein viel zitiertes Beispiel aus der Vergangenheit betrifft automatisierte Bewerbungssysteme, die historische Einstellungsdaten als Trainingsgrundlage nutzten. Wenn in der Vergangenheit überwiegend Männer für bestimmte Positionen eingestellt wurden, lernte das System daraus fälschlicherweise, dass männliche Bewerbungen generell vielversprechender seien, und bewertete Bewerbungen von Frauen systematisch schlechter, selbst bei vergleichbarer Qualifikation. Das System war nicht bösartig programmiert, es hatte schlicht ein bestehendes gesellschaftliches Ungleichgewicht in den Daten übernommen und unbeabsichtigt verstärkt.

> 💡 **Eine Analogie, die den Mechanismus verdeutlicht**
>
> *Stell dir vor, ein Kind würde sein gesamtes Bild von der Welt ausschließlich aus alten Zeitungsausschnitten der letzten fünfzig Jahre gewinnen, ohne je mit der heutigen Realität in Kontakt zu kommen. Es würde zwangsläufig veraltete, teils einseitige Vorstellungen übernehmen, nicht aus böser Absicht, sondern weil seine einzige Informationsquelle diese Verzerrung bereits enthielt. Genau das kann auch Sprachmodellen passieren, nur eben mit Trainingsdaten statt Zeitungsausschnitten.*

Was Anbieter dagegen tun – und wo die Grenzen liegen

Die großen Anbieter sind sich dieses Problems bewusst und investieren erheblich in Gegenmaßnahmen: bewusst ausgewogenere Trainingsdaten, zusätzliche Trainingsschritte, die einseitige Antworten gezielt korrigieren, und Tests, die gezielt nach solchen Verzerrungen suchen, bevor ein Modell veröffentlicht wird. Diese Bemühungen haben spürbare Fortschritte gebracht, verglichen mit frühen Systemen. Aber eine hundertprozentige Neutralität ist letztlich eine Illusion, weil es schon unter Menschen keine völlig objektive, unparteiische Perspektive gibt, von der ein System lernen könnte.

Für dich als Nutzer bedeutet das vor allem: ein gesundes Bewusstsein dafür, dass auch eine KI-Antwort eine Perspektive ist, keine absolute Wahrheit, gerade bei Themen, die gesellschaftlich umstritten oder wertebehaftet sind. Bei einer mathematischen Berechnung ist dieses Risiko gering. Bei der Frage, wie ein Bewerbungsschreiben bewertet wird, wie ein historisches Ereignis eingeordnet wird oder welche Lösung für ein soziales Problem sinnvoll erscheint, lohnt sich ein bewussterer, kritischerer Blick.

Wer haftet, wenn eine KI einen Fehler macht?

Wir haben diese Frage in Kapitel 11 bereits für den beruflichen Kontext beleuchtet, aber gesellschaftlich betrachtet reicht sie noch weiter. Was passiert, wenn ein KI-gestütztes System bei der medizinischen Diagnose einen Fehler macht? Wenn ein autonomes Fahrzeug einen Unfall verursacht? Wenn ein automatisiertes Kreditvergabe-System jemanden zu Unrecht ablehnt?

Die rechtliche und gesellschaftliche Antwort darauf ist, wie schon erwähnt, im Grundsatz klar: Verantwortung trägt immer ein Mensch oder eine Organisation, niemals das System selbst. In der Praxis ist diese Verantwortungskette aber oft komplex und nicht immer eindeutig: der Entwickler des Systems, das Unternehmen, das es einsetzt, oder die Person, die die finale Entscheidung trifft? Diese Verteilung wird derzeit in vielen Ländern rechtlich präzisiert, etwa durch den bereits erwähnten EU AI Act, der für Hochrisikoanwendungen klare Dokumentations- und Nachweispflichten vorschreibt.

Eine einfache Werte-Checkliste für den eigenen Umgang

Statt diese großen, komplexen Fragen unbeantwortet im Raum stehen zu lassen, möchte ich dir ein praktisches Werkzeug an die Hand geben: eine kleine, persönliche Checkliste, mit der du für dich selbst entscheiden kannst, wann eine KI-gestützte Entscheidung für dich vertretbar ist und wann du lieber genauer hinschaust.

✎ Eigene Werte-Checkliste für den KI-Einsatz

- Betrifft diese Entscheidung nur mich selbst, oder auch andere Menschen, die keine Wahl hatten, ob eine KI beteiligt ist?
- Wie hoch ist der Schaden, falls die KI-Antwort falsch oder verzerrt ist - eher gering und korrigierbar, oder schwerwiegend und folgenreich?
- Habe ich eine Möglichkeit, das Ergebnis fachlich oder menschlich zu überprüfen, bevor es Wirkung entfaltet?
- Würde ich mich wohlfühlen, wenn die betroffene Person wüsste, dass an dieser Stelle eine KI beteiligt war?
- Gibt es Hinweise auf eine einseitige oder unausgewogene Perspektive, etwa bei einem gesellschaftlich umstrittenen Thema?

Diese Checkliste liefert keine mathematisch eindeutigen Antworten, das wäre bei ethischen Fragen ohnehin vermessen. Aber sie hilft dir, bewusster hinzuschauen, statt KI-Ergebnisse blind zu übernehmen – genau die Haltung, die wir uns durch dieses ganze Buch hindurch erarbeitet haben.

Im nächsten Kapitel weiten wir den Blick noch einmal, auf eine Ebene, die uns alle als Gesellschaft betrifft: wie KI unsere öffentliche Debatte, unsere Medien und letztlich unsere Demokratie verändert.

Kapitel 15

Was auf dem Spiel steht, wenn Information zur Verhandlungsmasse wird

Wir nähern uns dem Ende des gesellschaftlichen Teils dieses Buches, und ich habe mir das vielleicht wichtigste, aber auch unbequemste Thema bewusst für den Schluss aufgehoben: Was bedeutet KI für unsere Demokratie, für die Art, wie wir uns eine Meinung bilden und wie wir als Gesellschaft miteinander diskutieren? Dieses Thema betrifft uns alle, unabhängig von Beruf, Alter oder politischer Ausrichtung, und es lohnt sich, es mit besonderer Sorgfalt anzugehen.

Wie sich öffentliche Meinungsbildung verändert

Über Jahrzehnte hinweg lief politische Meinungsbildung über vergleichsweise wenige, etablierte Kanäle: Zeitungen, Fernsehnachrichten, später das offene Internet. Diese Kanäle hatten ihre eigenen Schwächen, aber sie hatten auch redaktionelle Kontrolle, Sorgfaltspflichten und eine gewisse Nachvollziehbarkeit, wer welche Information in die Welt gesetzt hat. KI-generierte Inhalte verändern dieses Gefüge fundamental, weil sich überzeugend klingende Texte, Bilder und mittlerweile auch Videos in einer Geschwindigkeit und Menge erzeugen lassen, die es vorher schlicht nicht gab.

Das eröffnet enorme Chancen, etwa wenn kleine, ressourcenschwache Organisationen plötzlich professionell wirkende Öffentlichkeitsarbeit betreiben können, die früher nur große Institutionen leisten konnten. Es birgt aber auch ein Risiko, das wir in Kapitel 8 schon im privaten Kontext angesprochen haben, hier aber eine ganz neue Dimension erreicht: gezielte Desinformationskampagnen, die in Umfang und Überzeugungskraft kaum noch von echten Inhalten zu unterscheiden sind.

Wahlen und gezielte Manipulation

Besonders sensibel wird es bei demokratischen Wahlen. In den letzten Jahren gab es weltweit bereits dokumentierte Fälle, in denen KI-generierte Inhalte gezielt eingesetzt wurden, um Wählerinnen und Wähler in die Irre zu führen, etwa gefälschte Audioaufnahmen von Kandidaten, die nie gemacht wurden, oder massenhaft erzeugte, aber täuschend authentisch wirkende Social-Media-Kommentare, die eine Stimmung erzeugen sollten, die so gar nicht existiert.

Genau diese Anwendungsfälle sind es auch, die der bereits erwähnte EU AI Act explizit als unannehmbares Risiko einstuft und verbietet. Gesetzgeber weltweit ringen derzeit darum, wie man demokratische Prozesse vor dieser neuen Form der Manipulation schützen kann, ohne gleichzeitig legitime Meinungsäußerung und freie Debatte einzuschränken – eine Gratwanderung, die alles andere als trivial ist.

💡 Warum dieses Thema keine ferne Zukunftsmusik ist

Bei mehreren Wahlen der letzten Jahre, von Europa bis Asien, dokumentierten unabhängige Faktenchecker KI-generierte Falschinformationen, die teils millionenfach geteilt wurden, bevor sie als Fälschung entlarvt wurden. Die Korrektur erreichte dabei, wie so oft bei Falschinformationen, deutlich weniger Menschen als die ursprüngliche Falschmeldung – ein altbekanntes Muster aus der Medienforschung, das durch die schiere Erzeugungsgeschwindigkeit von KI noch verstärkt wird.

Regulierung: Ein Blick auf den aktuellen Rahmen

Wir haben den EU AI Act bereits aus beruflicher Perspektive in Kapitel 12 betrachtet. Aus gesellschaftlicher Sicht lohnt sich ein ergänzender Blick: Das Gesetz verlangt unter anderem, dass KI-generierte Inhalte, die zur Täuschung geeignet sind, etwa täuschend echte Deepfakes, klar als solche gekennzeichnet werden müssen. Plattformen müssen zudem zunehmend offenlegen, wenn Inhalte automatisiert statt redaktionell erstellt wurden.

Diese Regelungen sind ein wichtiger Anfang, aber sie sind kein Allheilmittel. Gesetze gelten naturgemäß nur dort, wo sie durchgesetzt werden können, und das Internet kennt bekanntlich keine klaren Landesgrenzen. Deshalb bleibt am Ende, neben aller Regulierung, auch die eigene Medienkompetenz ein unverzichtbarer Baustein – genau die Fähigkeiten, die wir uns in Kapitel 8 mit dem Quellencheck bereits erarbeitet haben.

Eine differenzierte Sicht auf Chancen und Risiken

Bei aller berechtigten Sorge möchte ich an dieser Stelle nicht in reinen Alarmismus verfallen, denn das würde meinem grundsätzlich optimistischen Blick auf dieses Thema widersprechen, den ich dir zu Beginn dieses Buches versprochen habe. KI bietet der demokratischen Debatte auch echte Chancen: Sie kann komplexe politische Vorhaben verständlicher aufbereiten, Bürgerinnen und Bürgern helfen, Gesetzestexte oder Wahlprogramme tatsächlich zu verstehen, statt sich auf verkürzte Schlagzeilen zu verlassen, und Menschen mit Sprachbarrieren oder Behinderungen den Zugang zu politischer Information erheblich erleichtern.

Die entscheidende Variable ist, wie bei den meisten Themen in diesem Buch, nicht die Technologie selbst, sondern der bewusste, informierte Umgang damit – sowohl auf gesetzgeberischer Ebene als auch bei jedem Einzelnen von uns.

Übung: Die eigene Informationsdiät prüfen

✏️ Ein ehrlicher Blick auf die eigenen Quellen

Überlege kurz: Über welche drei Kanäle beziehst du hauptsächlich politische oder gesellschaftliche Informationen? Sind das redaktionell verantwortete Quellen, soziale Medien, oder direkt KI-Chats?

Wende anschließend den Quellencheck aus Kapitel 8 bewusst auf die nächste politische Schlagzeile an, die dir begegnet, bevor du sie für bare Münze nimmst oder gar weiterleitest: Wer hat das veröffentlicht? Berichten unabhängige Quellen ähnlich darüber?

> *Diese kleine Gewohnheit, einmal bewusst innezuhalten, bevor man etwas glaubt oder teilt, ist eine der wirksamsten Maßnahmen, die jeder Einzelne gegen Desinformation ergreifen kann - unabhängig davon, was Gesetzgeber oder Plattformen tun oder lassen.*

Damit schließen wir den gesellschaftlichen Teil dieses Buches ab. Wir haben einen weiten Bogen gespannt: von deinem ganz persönlichen Alltag über deinen Beruf bis hin zu den großen Fragen, die uns als Gesellschaft beschäftigen. Im letzten Teil des Buches kehren wir noch einmal zu dir zurück, mit einem Blick nach vorn und einem ganz konkreten, persönlichen Fahrplan.

Kapitel 16

Realistische Trends statt Science-Fiction

Wir nähern uns dem Ende dieses Buches, und an dieser Stelle wäre es verlockend, ein paar steile Zukunftsprognosen abzugeben. Ich werde das bewusst nicht tun, jedenfalls nicht in der Form, die du vielleicht aus reißerischen Schlagzeilen kennst. Stattdessen schauen wir uns an, welche Entwicklungen sich heute schon abzeichnen, ohne in Spekulation über Dinge abzudriften, die niemand seriös vorhersagen kann.

Von der Textmaschine zum handelnden Assistenten

Eine Entwicklung, die sich bereits deutlich abzeichnet, ist der Wandel von reinen Text-Antwort-Systemen hin zu Systemen, die tatsächlich Aufgaben für dich erledigen können, mit deiner Erlaubnis und unter deiner Kontrolle. Statt nur einen Textentwurf für eine Reisebuchung zu liefern, kann ein System zunehmend selbst Flüge vergleichen, einen Termin im Kalender eintragen oder eine Bestellung vorbereiten, die du nur noch bestätigen musst. Diese sogenannten KI-Agenten sind keine ferne Zukunftsmusik mehr, sondern befinden sich bereits mitten in der praktischen Erprobung.

Für deinen Alltag bedeutet das vermutlich eine schrittweise Verschiebung: weg vom reinen Abtippen von Anfragen, hin zu einem Werkzeug, das eigenständiger im Hintergrund arbeitet, dir aber jederzeit Rechenschaft ablegt und die Kontrolle bei dir belässt. Die Sicherheits- und Sorgfaltsregeln, die wir in diesem

Buch besprochen haben – Ergebnisse prüfen, sensible Daten zurückhalten, Verantwortung bewusst wahrnehmen – werden dadurch eher wichtiger als überflüssig.

Multimodalität: Mehr als nur Text

Ein zweiter klarer Trend betrifft die Fähigkeit, nicht nur Text, sondern auch Bilder, Audio und Video zu verstehen und zu erzeugen, alles in einem einzigen System. Du kannst heute schon einem Sprachmodell ein Foto zeigen und eine Frage dazu stellen, oder dich mit ihm über Spracheingabe unterhalten, fast wie mit einem Menschen am Telefon. Diese Fähigkeiten werden in den kommenden Jahren spürbar natürlicher und nahtloser werden, was die Einstiegshürde für weniger technikaffine Menschen voraussichtlich weiter senkt.

Spezialisierung statt eines einzigen Alleskönners

Ein Trend, der in der öffentlichen Wahrnehmung noch unterschätzt wird: Statt eines einzigen, universellen Systems für alles entstehen zunehmend spezialisierte Varianten für bestimmte Fachbereiche, etwa Medizin, Recht oder Ingenieurwesen, die mit besonders sorgfältig kuratierten Daten aus dem jeweiligen Fachgebiet trainiert werden. Das dürfte die Genauigkeit in diesen sensiblen Bereichen deutlich erhöhen, gegenüber allgemeinen Systemen, die ein bisschen von allem, aber nichts ganz genau wissen.

💡 Ein Blick auf eine realistische, nahe Zukunft

Stell dir vor, du bittest in fünf Jahren dein KI-System, einen Familienurlaub zu planen. Statt nur Textvorschläge zu liefern, vergleicht es selbstständig Flugpreise über mehrere Anbieter, schlägt anhand deines bisherigen Reiseverhaltens passende Unterkünfte vor, erstellt einen Tagesplan unter Berücksichtigung der Öffnungszeiten vor Ort, und fragt dich nur dann nach, wenn eine Entscheidung wirklich deinen persönlichen Geschmack betrifft. Du bleibst der Entscheider, das System übernimmt die mühsame Recherche- und Koordinationsarbeit dazwischen.

Was vermutlich nicht passieren wird

Genauso wichtig wie realistische Trends ist eine ehrliche Einordnung dessen, was trotz aller Fortschritte unwahrscheinlich bleibt, jedenfalls in einem Zeithorizont, über den seriös gesprochen werden kann. Ein System mit echtem Bewusstsein, eigenen Wünschen oder einem eigenständigen Selbsterhaltungstrieb, wie es viele Science-Fiction-Filme zeigen, ist auf absehbare Zeit keine realistische Erwartung, sondern bleibt im Bereich der Spekulation. Die heutigen Systeme, so beeindruckend ihre Fähigkeiten sind, bleiben im Kern hochkomplexe Mustererkennung, wie wir in Kapitel 2 besprochen haben – nicht ein denkendes, fühlendes Wesen.

Diese Einordnung ist mir wichtig, weil übertriebene Zukunftsängste oft genauso wenig hilfreich sind wie übertriebene Heilsversprechen. Beide lenken von der eigentlich relevanten Frage ab: Wie gehe ich heute, mit den Werkzeugen, die tatsächlich verfügbar sind, klug und verantwortungsvoll um?

Was bleibt menschlich – auch in einer KI-Welt?

Lass mich dieses Kapitel mit einem Gedanken schließen, der mir persönlich besonders wichtig ist. So leistungsfähig diese Werkzeuge auch werden, es gibt Dinge, die meiner festen Überzeugung nach menschlich bleiben, ganz gleich, wie weit die Entwicklung fortschreitet. Echtes Vertrauen zwischen zwei Menschen lässt sich nicht simulieren, nur erleben. Eine Entscheidung mit echten persönlichen Konsequenzen zu tragen, mit allem, was Verantwortung bedeutet, bleibt eine zutiefst menschliche Aufgabe. Und der Moment, in dem ein Mensch einem anderen Menschen wirklich zuhört, ohne Ablenkung, ohne Agenda, lässt sich durch kein noch so fortschrittliches System ersetzen.

Genau in diesem Bewusstsein liegt für mich der Schlüssel zu einem gesunden, nachhaltigen Umgang mit KI: Sie als das nehmen, was sie ist, ein außerordentlich nützliches Werkzeug, und gleichzeitig wach zu bleiben für das, was kein Werkzeug ersetzen kann.

Übung: Eine kurze Standortbestimmung

✏️ Drei Dinge, die für mich menschlich bleiben

Nimm dir kurz Zeit für eine persönliche Reflexion: Welche drei Dinge in deinem Leben, beruflich oder privat, würdest du niemals an eine KI abgeben wollen, ganz gleich, wie gut sie irgendwann darin würde?

Es gibt hier kein richtig oder falsch. Diese kleine Übung hilft dir vor allem dabei, für dich selbst eine klare, bewusste Grenze zu ziehen, an der du dich auch in Zukunft orientieren kannst, wenn sich die Möglichkeiten dieser Technologie weiter rasant erweitern.

Im letzten Kapitel dieses Buches wird es noch einmal ganz konkret: ein persönlicher Fahrplan, mit dem du das Gelernte Schritt für Schritt in deinen Alltag überführst.

Kapitel 17

Vom Lesen zum Tun, Schritt für Schritt

Wir sind am letzten inhaltlichen Kapitel dieses Buches angekommen, und ich möchte es so praktisch wie möglich gestalten. Ein Buch zu lesen verändert noch nichts an deinem Alltag, das übernimmt erst das, was du danach tatsächlich tust. Deshalb haben wir uns durch dieses ganze Buch hindurch nicht mit reiner Theorie aufgehalten, sondern immer wieder kleine Übungen eingebaut. Jetzt bündeln wir das Gelernte in einem klaren, machbaren Plan für die nächsten dreißig Tage.

Warum ein Plan und keine bloße Absicht

Aus eigener Erfahrung weiß ich: Gute Vorsätze ohne konkrete nächste Schritte verpuffen meistens innerhalb weniger Tage, das gilt für Sport, Ernährung und eben auch für den Umgang mit neuen Werkzeugen wie KI. Was tatsächlich Veränderung bewirkt, ist eine kleine, klar umrissene Aufgabe, die du dir vornimmst, und die genug Raum lässt, um sie auch bei einem stressigen Alltag noch zu schaffen. Genau so ist der folgende Plan aufgebaut: vier Wochen, jede mit einem klaren Schwerpunkt, ohne dich zu überfordern.

Woche	Thema	Konkreter Schritt
1	Ankommen	Konto bei einem Anbieter anlegen (Kapitel 5), täglich einen kurzen, echten Alltags-Prompt ausprobieren (Kapitel 6).

2	Vertiefen	Eine wiederkehrende Aufgabe aus deinem Alltag oder Job identifizieren und konsequent mit KI-Unterstützung angehen (Kapitel 9).
3	Absichern	Sicherheits-Spickzettel (Kapitel 5) und Werte-Checkliste (Kapitel 14) noch einmal durchgehen, eigene Datenschutz-Routine festlegen.
4	Weitergeben	Ein Gespräch mit jemandem aus deinem Umfeld führen, der noch unsicher ist (Kapitel 13), eigene Bilanz ziehen.

Woche 1: Ankommen

Falls du die Übungen in diesem Buch noch nicht alle live mitgemacht hast, ist jetzt der richtige Moment dafür. Leg dir, wie in Kapitel 5 beschrieben, ein Konto bei einem Anbieter deiner Wahl an. Nimm dir dann jeden Tag fünf Minuten, um eine einzige, echte Aufgabe aus deinem Alltag mit KI-Unterstützung anzugehen, eine E-Mail, eine Einkaufsliste, eine kurze Erklärung zu einem Thema, das dich interessiert. Wichtig ist nicht die Perfektion, sondern die Wiederholung, denn Routine entsteht durch Übung, nicht durch einmaliges Ausprobieren.

Woche 2: Vertiefen

In der zweiten Woche geht es darum, von einzelnen Experimenten zu einer echten Gewohnheit überzugehen. Greif auf deine Drei-

Spalten-Analyse aus Kapitel 9 zurück und wähle eine konkrete, wiederkehrende Aufgabe aus, bei der dir KI-Unterstützung spürbar Zeit sparen könnte. Setz dir das Ziel, diese eine Aufgabe für den Rest der Woche konsequent mit KI-Unterstützung zu erledigen, auch wenn der erste Versuch noch holprig ist. Erfahrungsgemäß braucht es etwa drei bis vier Wiederholungen, bis sich eine neue Arbeitsweise vertraut anfühlt.

Woche 3: Absichern

Jetzt, wo sich der praktische Nutzen schon herumgesprochen hat, ist es Zeit für den Sicherheits-Check. Geh den Sicherheits-Spickzettel aus Kapitel 5 noch einmal bewusst durch, genauso wie die Werte-Checkliste aus Kapitel 14. Überlege dir eine eigene, einfache Regel, an die du dich künftig automatisch hältst, zum Beispiel: „Ich gebe niemals echte Kundendaten ohne Rücksprache in ein KI-Tool ein“ oder „Bei allem, was nach außen geht, prüfe ich Zahlen und Fakten doppelt.“ Eine einzige, klar formulierte Regel ist wirksamer als zehn vage Vorsätze.

Woche 4: Weitergeben

In der letzten Woche schauen wir noch einmal über den eigenen Tellerrand, wie in Kapitel 13 besprochen. Führe ein Gespräch mit jemandem aus deinem Umfeld, der bei diesem Thema noch unsicher ist, und zeig ihm oder ihr eine einzige, konkrete Anwendung, die das eigene Leben erleichtern könnte. Du wirst feststellen: Wenn du in der Lage bist, etwas verständlich zu erklären, ist das der beste Beweis dafür, dass du es selbst wirklich verstanden hast.

Übung: Dein persönlicher Aktionsplan

✏️ Drei konkrete Vorhaben für die nächsten dreißig Tage

Trag für dich selbst ein, am besten handschriftlich oder in einer Notiz-App, damit du später darauf zurückblicken kannst:

1. Eine wiederkehrende Aufgabe, die ich ab sofort mit KI-Unterstützung angehe:
2. Eine eigene Sicherheitsregel, an die ich mich künftig halte:
3. Eine Person, mit der ich in den nächsten dreißig Tagen über das Thema spreche:

Setz dir am besten eine Erinnerung in dreißig Tagen, um ehrlich Bilanz zu ziehen: Was hat funktioniert? Was nicht? Genau dieser Rückblick ist es, der aus einem guten Vorsatz eine dauerhafte Gewohnheit macht.

Ein letzter Gedanke zum Abschluss

Als ich an diesem Buch zu schreiben begann, war mein Ziel, dir die Unsicherheit zu nehmen, die viele Menschen beim Thema KI verspüren, ohne dabei die echten, berechtigten Sorgen kleinzureden. Ich hoffe, das ist gelungen. Was auch immer du aus diesem Buch mitnimmst, ein einziges neues Werkzeug in deinem

Alltag, ein geschärftes Bewusstsein für die Risiken, oder einfach nur das gute Gefühl, beim nächsten Gespräch über KI mitreden zu können, es war die Zeit wert.

Diese Technologie wird sich weiterentwickeln, vermutlich schneller, als wir es uns heute vorstellen können. Aber die Grundhaltung, die wir uns in diesem Buch gemeinsam erarbeitet haben, neugierig bleiben, kritisch hinterfragen, das Werkzeug nutzen, ohne sich von ihm abhängig zu machen, wird relevant bleiben, ganz gleich, wie die nächste Modellgeneration heißt. Ich wünsche dir viel Freude und gute Erfahrungen auf diesem Weg.

Anhang

Glossar der wichtigsten Begriffe

Bias: Eine systematische Verzerrung in den Antworten eines KI-Systems, die meist daher rührt, dass die Trainingsdaten bereits eine entsprechende Schieflage enthielten. Siehe Kapitel 14.

Deep Learning: Eine Methode innerhalb des Machine Learning, die auf neuronalen Netzen mit vielen Schichten basiert. Siehe Kapitel 2.

Deepfake: Ein mithilfe von KI erzeugtes, täuschend echtes, aber gefälschtes Bild-, Audio- oder Videomaterial. Siehe Kapitel 8.

DSGVO: Die Datenschutz-Grundverordnung der EU, die den Umgang mit personenbezogenen Daten regelt, auch beim Einsatz von KI-Tools. Siehe Kapitel 12.

EU AI Act: Das EU-Gesetz zur Regulierung von KI-Systemen, das diese nach Risikoklassen einteilt. Siehe Kapitel 12.

Halluzination: Eine mit großer sprachlicher Überzeugung vorgetragene, aber inhaltlich falsche Antwort eines Sprachmodells. Siehe Kapitel 11.

KI-Agent: Ein KI-System, das nicht nur Text liefert, sondern eigenständig mehrstufige Aufgaben ausführen kann, etwa Buchungen vorbereiten oder Termine eintragen. Siehe Kapitel 16.

Künstliche Intelligenz (KI): Ein Sammelbegriff für Computersysteme, die Aufgaben erledigen, für die man normalerweise menschliche Intelligenz bräuchte. Siehe Kapitel 2.

Large Language Model (LLM): Ein großes Sprachmodell, das mit gewaltigen Textmengen trainiert wurde und in normaler Sprache antworten kann. Siehe Kapitel 2.

Machine Learning: Ein Ansatz, bei dem ein System anhand vieler Beispiele selbst Muster erkennt, statt nach starren, vorprogrammierten Regeln zu arbeiten. Siehe Kapitel 2.

Prompt: Die Eingabe oder Anfrage, die ein Nutzer an ein KI-System richtet. Siehe Kapitel 6.

Prompt Engineering: Die Fähigkeit, Anfragen an ein KI-System so präzise und kontextreich zu formulieren, dass brauchbare Ergebnisse entstehen. Siehe Kapitel 10.

Token: Ein kleiner Sprachbaustein, oft ein Wort oder Wortteil, in den ein Sprachmodell Text zur Verarbeitung zerlegt. Siehe Kapitel 2.

Transformer: Eine 2017 vorgestellte technische Architektur für neuronale Netze, die das Fundament moderner Sprachmodelle bildet. Siehe Kapitel 3.

Tool-Übersicht

Eine kurze Übersicht der vier in diesem Buch besprochenen großen Sprachmodelle, wie schon in Kapitel 5 vorgestellt.

Werkzeug	Anbieter	Zugang
ChatGPT	OpenAI	chatgpt.com, App für iOS und Android, kostenlose Basisversion

		verfügbar.
Claude	Anthropic	claude.ai, App für iOS und Android, kostenlose Basisversion verfügbar.
Gemini	Google	gemini.google.com, App, in Gmail und Google Docs integriert.
Copilot	Microsoft	In Windows und Microsoft 365 integriert, auch eigenständig nutzbar.

Weiterführende Quellen und Ressourcen

Da sich dieses Themenfeld rasant weiterentwickelt, sind tagesaktuelle Webseiten oft hilfreicher als gedruckte Bücher, wenn es um die neuesten Entwicklungen geht. Folgende Anlaufstellen haben sich für mich bewährt, um auf dem Laufenden zu bleiben:

- Die Hilfeseiten und Blogs der jeweiligen Anbieter (OpenAI, Anthropic, Google, Microsoft) für Neuerungen direkt aus erster Hand.
- Das Bundesamt für Sicherheit in der Informationstechnik (BSI) für verständlich aufbereitete Sicherheitshinweise zum Thema KI.
- Die Verbraucherzentralen für unabhängige, praxisnahe Einschätzungen zu Datenschutz und Verbraucherrechten im Umgang mit KI.

- Fachjournalistische Angebote mit eigener Technologie-Redaktion für eine gut recherchierte, kritische Einordnung aktueller Entwicklungen.
- Die offiziellen Informationsseiten der Europäischen Union zum EU AI Act für den aktuellen Stand der Regulierung.

Ich wünsche dir alles Gute auf deinem weiteren Weg mit künstlicher Intelligenz, neugierig, kritisch und mit der Gewissheit, dass du dafür bestens gerüstet bist.